Colección LECTURA

GW00393454

Lecturas de Español son historias inte~~resantes, breves y~~ ~~infor~~mación sobre la lengua y la cultura de España. Con ellas puedes divertirte y al mismo tiempo aumentar tus conocimientos. Existen seis niveles de lecturas (elemental I y II, intermedio I y II y superior I y II), así que te resultará fácil seleccionar una historia adecuada para ti.

En *Lecturas de Español* encontrarás:
- temas e historias variadas y originales,
- notas de cultura y vocabulario,
- ejercicios interesantes sobre la gramática y las notas de cada lectura,
- la posibilidad de compartir tu lectura con otros estudiantes.

NIVEL SUPERIOR - I

A los muertos no les gusta la fotografía

Coordinadores de la colección:
Abel A. Murcia Soriano (Instituto Cervantes. Varsovia)
José Luis Ocasar Ariza (Universidad Complutense de Madrid)

Autor del texto:
Manuel Rebollar Barro

Explotación didáctica:
Abel A. Murcia Soriano
José Luis Ocasar Ariza
Manuel Rebollar Barro

Maquetación e ilustraciones:
Raúl de Frutos Pariente

Diseño de portada:
Carlos Casado Osuna

Diseño de la colección:
Antonio Arias Manjarín

ISBN Lectura: 84-95986-88-4
ISBN Lectura con CD: 84-95986-90-6

Música: Autor, Javier Pérez Mejías
Temas: Intrigando (pistas 3, 6, 8, 9 y 10), Confusión (pista 11), A los muertos (pistas 1, 11 y 14), Amor en el pasillo (pista 12) y El túnel (pistas 14 y 15)

Editorial Edinumen
José Celestino Mutis, 4 - Madrid (España)
Tlfs.: 91 308 51 42 / Fax: 91 319 93 09
E-mail: edinumen@edinumen.es

Imprime: Gráficas Glodami. Coslada (Madrid)

A los muertos no les gusta la fotografía

ANTES DE EMPEZAR A LEER

1. Entre todos los libros de estas características, ¿por qué has elegido éste? ¿Sólo por el nivel? ¿Qué otros motivos ha habido?

   _____

   _____

   _____

   Comenta con tus compañeros tus motivos y ved de qué depende el grado de coincidencia si lo hubiera.

2. ¿Qué te sugiere el título? ¿Y la portada? ¿Qué esperas de esta lectura? ¿Sabes de dónde es la foto? Anota la respuesta a estas preguntas y comprueba después el grado de acierto de tus hipótesis.

3. La historia trascurre en Madrid, ¿qué sabes de esta ciudad? Comenta con tus compañeros tu idea de Madrid y aquellas experiencias o anécdotas relacionadas con esa ciudad.

4. ¿A qué género crees que pertenece este libro? ¿En qué basas tu opinión? Apunta aquellas ideas que te llevan a pensar así y confróntalas posteriormente con la realidad.

   _____

   _____

   _____

5. A continuación te ofrecemos algunas palabras que te pueden servir para entender el texto:

> • Pesadilla: cuando soñamos con algo angustioso.
> • Espíritu: ser que no tiene cuerpo, sólo presencia.
> • Asustarse: recibir una impresión rápida que provoca miedo.
> • Alma: la sustancia que dota de entendimiento al cuerpo.

Teniendo en cuenta el campo semántico que representan estas palabras, anota algunas más que creas que pueden aparecer en la lectura. Posteriormente, comprueba si es así:

6. Escribe con tus compañeros una especie de resumen previo de la historia, teniendo en cuenta el título y la fotografía de la portada. Comparadlos y confrontadlos después con la historia real. ¿Os parece que el título y la fotografía anuncian de alguna manera lo que viene después? Comentadlo.

I

"Click, click, click", ¡cómo le gustaba ese ruido a Alicia! Le encantaba sentir el dedo de su mano sobre el disparador de la cámara fotográfica. Era curiosa la sensación: su ojo captaba un instante, su mente decidía que ese instante tenía que ser eterno, y su dedo accionaba el disparador de la cámara, fotografiándolo. A Alicia, tomar fotos le parecía la cosa más natural del mundo. No conocía a nadie a quien no le gustara la fotografía, y eso le parecía maravilloso porque era muy difícil encontrar algo que no desagradara a nadie. Se sentía en deuda con todo lo que le rodeaba, y por eso intentaba salvar imágenes, porque tenía claro que los recuerdos eran lo único que queda para siempre.

Había crecido en un ambiente propicio para ello. Su padre era **camarógrafo** de cine, y su madre pintora y profesora de arte. Ambos le habían enseñado la importancia de vivir observando, y la diferencia entre ver y mirar.

Siempre que alguien le preguntaba por qué había decidido estudiar *Ciencias de la Información* y especializarse en *Comunicación audiovisual*, ella tenía claro que su vocación había surgido por la educación recibida de sus padres.

camarógrafo: persona que toma las imágenes con una cámara de cine.

II

Aquella fría mañana de diciembre, Alicia estaba en **el Parque del Retiro**. El cielo estaba poblado de grandes nubes negras. Parecía que iba a llover en cualquier momento. Le gustaba el parque en esa época, porque no había mucha gente. Solía caminar con su cámara al hombro, buscando un momento adecuado para pulsar el disparador y volver a eternizar la existencia de los objetos. De vez en cuando fotografiaba a alguna pareja besándose, o a algún que otro corredor que avanzaba a grandes zancadas por el parque. Pero en invierno, Alicia prefería fotografiar el esqueleto de los árboles y reflejar la hermosa tristeza de la naturaleza.

A veces fotografiaba sin mirar. Se abandonaba a lo que sus dedos le sugerían, y pulsaba el botón de su cámara sin saber a qué ni a dónde estaba apuntando. Más tarde, cuando revelaba las fotos en su casa, se sorprendía mucho al ver las cosas que salían retratadas. Una vez, con los ojos cerrados, había fotografiado al perro de un vagabundo que estaba dormido debajo de un banco. Era un vagabundo muy amable con el que siempre charlaba y que tenía un perro llamado **"Güisqui"** que era juguetón y muy tranquilo. Güisqui era un perro *labrador* blanco, sucio y fibroso, que siempre acompañaba a su dueño y con el que dormía bajo unos cartones del parque. Cuando reveló la foto y vio la escena, se quedó maravillada. La foto era especial. En la cara del perro había una gran mancha negra que tenía forma de cruz. Pero lo que hacía distinta a la foto era una luz amarilla que sobresalía de la cabeza del

el Parque del Retiro: parque emblemático de Madrid situado cerca del Museo del Prado. Es el más grande que hay en la ciudad de Madrid.

Güisqui: whisky.

animal. Le encantaba ver cómo la naturaleza hacía efectos extraños. Ella, esa vez, había conseguido captarlo.

Cuando llegó al lugar donde siempre estaban, se sorprendió al ver que, al acercarse al perro para acariciarle, Güisqui la había ladrado e intentado morder.

bautizar: dar a alguien otro nombre distinto al que tiene.

– Hola, "Sonrisas" –la saludó el vagabundo. Como no le gustaban los nombres que la gente tenía, él daba un nombre especial a cada persona que conocía. Para elegir un nombre, observaba mucho a las personas, y después de unos días, las **bautizaba**. Como Alicia siempre estaba sonriendo, la había llamado de esa manera. A su perro, Güisqui, le había llamado así porque se lo encontró cuando era un cachorro entre cajas de güisqui. Estaba aterido de frío y había sobrevivido porque había bebido un poco de alcohol y eso lo había mantenido caliente.

– Hola, "Mirada llena" –ése era el nombre que Alicia le había puesto a él, por sus ojos llenos de vida–. ¿Qué le pasa a Güisqui?

– ¡Ay!, no sé qué ha pasado por la cabeza de ese estúpido perro. Lleva varios días sin dormir y se ha vuelto muy agresivo. Como siga así lo tendré que encerrar en la **perrera**. La mente de los perros es compleja. Al final he tenido que atarlo, ya que había empezado a morder a la gente.

perrera: lugar donde se encierra y se guarda a los perros abandonados.

– Vaya, lo siento.

gélida: muy fría.

Alicia se encontraba caminando en las inmediaciones del estanque del parque del Buen Retiro. La mañana **gélida** impedía que nadie estuviera remando

perenne: hay dos tipos de hojas de árboles. Los de hoja perenne, que son aquellos árboles que tienen hojas durante todo el año. Los de hoja caduca, que son aquellos árboles que se quedan sin hojas durante el otoño y el invierno.

extinguirse: desaparecer, dejar de existir una cosa poco a poco.

Osa Menor: una de las constelaciones de estrellas que están en el Sistema Solar.

agonizar: estar a punto de desaparecer.

por entre las aguas del estanque. Alicia estaba tomando fotografías para su examen final de *Fotografía informativa*. Era un examen que tenía al día siguiente. Llegó hasta una zona del parque donde había varios arbustos, y entre ellos tres madroños. El madroño era uno de sus arbustos favoritos, quizá porque al ser de hoja **perenne** no les afectaba la llegada del invierno. Cada vez que fotografiaba uno, recordaba el día en el que preguntó a su madre por qué el símbolo de la comunidad de Madrid era "el oso y el madroño":

– *Verás hija, hace muchos, muchos años, en Madrid hubo una tremenda sequía. Era la peor sequía que había habido jamás en la zona. Las cosechas se estaban perdiendo y la gente comenzaba a morir. No había agua para nadie, y poco a poco los árboles se iban **extinguiendo**. Una noche, cayó un oso del cielo. Este oso era especial, porque este oso era hijo de la **Osa Menor**, y se había caído a Madrid mientras jugaba con sus siete hermanos. El oso intentó una y otra vez subir hasta el cielo estrellado, pero como era muy pequeño no lograba alcanzar el firmamento. Comenzó a llorar, y sus lágrimas cayeron sobre un pequeño madroño que estaba moribundo. El madroño, que estaba **agonizando**, en cuanto notó el contacto del agua, se sintió mejor.*

– Por favor, no dejes de llorar –*le dijo al oso.*

– *Y el oso, al oír estas palabras y volverse a ver tan solo, lloró con más fuerza, y así continuó regando con sus lágrimas al pequeño madroño.*

– ¿Por qué lloras? –*le preguntó el madroño al oso.*

– Porque me he caído del cielo, y quiero volver a subir. Pero como soy tan pequeño no logro llegar hasta arriba.

– Si me traes agua, podré recuperar mis fuerzas y dejaré que te apoyes en mí para alcanzar el firmamento.

– Puedo seguir llorando sobre ti, pero mis lágrimas no son muchas –*se lamentó el oso.*

– *Entonces, se le ocurrió pedir ayuda a sus hermanos. Éstos le dijeron que sí. Así que entre el oso que estaba en la Tierra y sus seis hermanos restantes comenzaron a llorar sobre Madrid y el madroño. Rápidamente, el madroño renació, y poco a poco se fue poniendo en pie. Cuando alcanzó cinco metros de altura, le dijo al oso que se apoyara en él y que volviera a subir al firmamento. El oso consiguió regresar a su casa, y gracias a las lágrimas de los hermanos del oso, la ciudad de Madrid se había salvado de la sequía. Esa es la razón por la que en el escudo de Madrid hay siete estrellas y, junto a ellas, un oso y un madroño.*

Es curioso ver cómo y por qué se explican los gustos de las personas. Alicia amaba a los madroños porque su madre le había contado una historia ficticia sobre los emblemas de la ciudad de Madrid.

Un **trueno** interrumpió los recuerdos de Alicia. Miró hacia el cielo y vio que se estaba oscureciendo. Las nubes cubrían toda su vista. Cuando empezaron a caer las primeras gotas, Alicia pulsó sin mirar el disparador de su cámara y fotografió el pequeño y **frondoso** madroño. Después comenzó a correr con la esperanza de llegar a la boca del metro antes de que el agua la **empapase** entera.

trueno: ruido muy fuerte que se produce durante las tormentas.

frondoso: con muchas hojas.

empaparse: mojarse muchísimo.

III

Cuando sonó la alarma de su reloj, Alicia se levantó con rapidez y, tras coger su toalla y sus utensilios para el baño, se dispuso a tomar una ducha. Salió de su cuarto y comenzó a recorrer los pasillos de la residencia para estudiantes donde estaba alojada. El baño estaba al final de un larguísimo corredor del que asomaban muchas puertas. Estaba intranquila. En el aire había una extraña neblina y el pasillo no le parecía su pasillo, a pesar de que llevaba viviendo en la residencia desde el mes de septiembre. No quiso pensar más en ello y siguió caminando hasta que llegó finalmente al baño donde se encontraban las duchas.

El baño era una estancia amplia y con escasa luz. Tenía dos puertas, una que daba al pasillo desde el cual había entrado Alicia y la otra, que se comunicaba con el otro pasillo que había en el piso de la residencia donde vivía. Se metió en la zona de duchas y pulsó el interruptor de la luz, pero ésta no se encendió. No era la primera vez, así que decidió no darle importancia y ducharse rápidamente. En la zona de duchas había tres cabinas individuales. Los grifos de las tres duchas estaban abiertos, aunque en las cabinas no había nadie. Cerró los grifos y se metió en una de ellas. Corrió la cortina y se quitó el albornoz para comenzar a ducharse. Abrió el grifo, pero no salía agua. De repente, escuchó cómo los grifos de las otras duchas volvían a abrirse y también oyó unos extraños ruidos al otro lado de la cortina.

– ¿Quién anda ahí? Si es una broma, no me hace ninguna gracia –gritó Alicia.

Los grifos de las tres duchas estaban abiertos, aunque en las cabinas no había nadie.

Nadie respondió, pero Alicia notaba cómo se movían varias sombras al otro lado de la ducha, dibujando extrañas formas sobre el techo de la habitación. Poco a poco empezó a asustarse. Su respiración se aceleraba y notaba cómo el corazón le latía fuertemente. Escuchó unos pasos que se aproximaban a la cortina, la tensión aumentaba, sus ojos, **expectantes**, mantenían fija la mirada sobre la cortina. Poco a poco la cortina se descorrió y escuchó una voz rota y amarga que le decía "dámela, dame mi alma".

Fue lo único que pudo oír, porque inmediatamente dio un inmenso grito que la despertó sobresaltada. Sólo había sido un mal sueño, una **pesadilla**, pero había sido tan real que todavía estaba temblando y sudando. El grito había alarmado a Sonia, su compañera de habitación, quien también se despertó sobresaltada.

– Alicia, Alicia, ¿qué te ha pasado? –le preguntó en cuanto se recuperó del susto inicial.

– Nada, todo ha sido un sueño, pero... ¡qué sueño! –respondió Alicia, queriendo dar apariencia de normalidad.

– Pero ¿qué era?, ¿qué pasaba? –volvió a preguntar.

– Era muy extraño, caminaba por nuestro pasillo hacia la ducha, pero todo era distinto. Entraba en el cuarto de baño, pero nada funcionaba. Comenzaba a ducharme y no salía agua. De repente, había alguien en la ducha que me decía algo así como que le diera el alma.

– ¿El alma? ¿Estás segura? –dijo Sonia **incrédula**.

– Sí, era una voz extraña, una voz que salía de la nada y que me decía claramente "dámela, dame mi alma".

expectante: que espera observando.

pesadilla: un mal sueño.

incrédula: que no se cree nada.

bostezar: abrir mucho la boca por causa del sueño, del aburrimiento...

– ¡Puf!, qué sueños más raros tienes –dijo Sonia **bostezando**.

– Sí, pero no le demos más importancia, los sueños son sólo sueños. Volvamos a dormir, que todavía son las cuatro y media y mañana tenemos un examen.

– Uhm, vale –dijo Sonia volviendo a bostezar–. No le des más importancia.

Éstas fueron las últimas palabras que Sonia dijo, ya que inmediatamente después se quedó dormida. Alicia lo intentó varias veces, pero no lo consiguió. Estaba muy inquieta y ya le fue imposible volver a dormirse. En su cabeza sólo escuchaba la voz que en su sueño le había dicho "dámela, dame mi alma".

IV

no pegar ojo: expresión que significa que alguien no ha podido dormir.

dormir como un tronco: expresión que significa dormir profundamente y sin enterarte de nada de lo que suceda a tu alrededor.

pasar la noche en vela: frase hecha que significa no haber dormido nada.

A la mañana siguiente, Sonia y Alicia se levantaron temprano. Alicia **no** había podido **pegar ojo** en toda la noche, al contrario de Sonia que había **dormido como un tronco**. Desayunaron con calma, y durante la ducha Alicia no pudo relajarse en ningún momento, recordando lo que había soñado y pensando que quizá podría volver a pasar. Se vistieron y bajaron a la calle. Caminaron un buen rato para coger el metro y dirigirse a la universidad a hacer su examen. Una vez en el metro, ambas pudieron sentarse. A causa del calor que hacía en el vagón, del continuo movimiento y del hecho de haber **pasado la noche en vela**, Alicia se quedó profundamente dormida. Sonia sonrió, y decidió dejarla dormir los veinte minutos que duraba el trayecto hasta la universidad.

De repente, dio un grito enorme que la despertó y que hizo que todas las miradas de las personas que viajaban en el metro se volvieran hacia ella. Alicia no paraba de gritar. Dejó de hacerlo cuando Sonia le cogió la mano para intentar calmarla.

estar como loco: frase hecha que significa comportarse de forma extraña.

– Tranquila, **estabas como loca**, sólo estabas soñando. ¿Qué te pasa?

– Otra vez, otra vez el mismo sueño –dijo Alicia entre sollozos.

– ¿El de anoche?

– Sí, el mismo tipo, la misma frase, la misma angustia…

– ¿Está bien, señorita? –preguntaron varias personas a la vez.

– Sí, sólo ha sido una pesadilla, no se preocupen, gracias –respondió rápidamente Sonia, viendo que todas las personas que estaban en el vagón las estaban mirando.

Afortunadamente para ellas, el metro llegó a su parada, a "Ciudad Universitaria", y ambas se bajaron rápidamente. En el vagón, la gente se quedó comentando lo extraño que es el mundo de los sueños.

Una vez arriba, Alicia, histérica, comenzó a llorar sobre un banco.

– Tranquila, Alicia, tranquila, verás como no deja de ser una estupidez –le dijo Sonia con tono conciliador.

– ¿Y si no lo es? ¿Y si me pasa lo mismo que a los

Freddy Krugger: protagonista de una saga de películas de terror tituladas "Pesadilla en Elm Street". Aparecía durante los sueños de la gente.

jocoso: con ironía.

no estar el horno para bollos: expresión coloquial que significa que no es el momento adecuado para gastar bromas.

cómo está el patio: expresión coloquial que significa que el ambiente está tenso.

pirarse: coloquialismo que significa irse.

ser un hueso: frase coloquial que procede de "ser un hueso duro de roer", y que significa que alguien es muy estricto y es difícil hacerle cambiar de opinión.

joder: expresión para expresar enfado, asombro, sorpresa...

coscarse: coloquialismo que significa enterarse de algo.

abrirse: coloquialismo que significa irse o marcharse.

personajes de la película de **Freddy Krugger** y ya no puedo soñar? ¿Y si...? –y volvió a llorar.

– No te vuelvas loca, que esto no es una película. Tranquilízate, tranquilízate –comentaba Sonia mientras le acariciaba el pelo.

Alzó la cabeza un momento y vio acercarse a Ángel, un compañero de la facultad. Ángel era bastante pesado y excesivamente bromista. Se creía un genio. Estudiaba cine y se pasaba todo el día imitando las tonterías que veía en la tele. Cuando vio a Alicia llorando no pudo reprimir su comentario:

– ¡Eh, no te preocupes por el examen! Mira que llorar por eso –dijo en tono **jocoso**.

– Déjate de tonterías, y vete a molestar a otro sitio –le respondió rápidamente Sonia–. Que **no está el horno para bollos**.

– ¡Uh! **Cómo está el patio**. Bueno, yo me **piro**, que hay examen, pero, entre nosotros, espero que no hayáis estudiado –dijo enigmáticamente.

– ¿Por qué?

– No sé, quizá algo pase y no podamos hacer el examen, porque sé que este profesor **es un hueso**, pero yo tengo recursos.

– ¿A qué te refieres? –preguntó Alicia, mientras recobraba el ánimo.

– **Joder**, pues que a lo mejor no hay examen, que no **os coscáis** de nada. Bueno, yo **me abro**. Nos vemos –dijo Ángel y se marchó.

– ¿Qué querrá decir? –preguntó Alicia mientras se terminaba de secar las lágrimas.

– No lo sé, ni me importa, pero tenemos que irnos. Venga, ánimo, y no pienses más en ello, verás como todo son los nervios del examen.

– Eso espero. Tienes razón, olvidémonos de ello. Vamos, que tengo que recoger primero las fotos que dejé ayer en el revelado.

V

NOTA GRAMATICAL: cuando una palabra femenina comienza por la letra "a" tónica, el determinante singular se modifica. El aula, el agua, el águila... Cuando se utiliza en plural, recupera su género: Las aulas, las aguas, las águilas...

charco: pequeña porción de agua detenida en una cavidad en el suelo que se forma cuando llueve.

Estaban sentadas en **el Aula** magna. El Aula magna era el aula más grande de la facultad. El examen que tenían que hacer era uno de los exámenes más complicados de la carrera. Era de *Fotografía informativa*, y había que llevar cinco fotos tomadas durante la última semana. Mientras Alicia esperaba a que viniera el profesor, echó un vistazo a las fotos que había hecho últimamente. Allí había una foto de unos señores discutiendo en un semáforo por culpa de un pequeño choque; otra foto de un amanecer desde el balcón de la residencia donde vivía; una más con el reflejo de un espejo sobre un **charco** de la calle… y, entre todas, se sorprendió al ver la foto que había hecho sin mirar el día anterior al madroño del parque del Retiro. En la foto se podía ver una extraña mancha amarillenta y azulada, similar a la mancha que había en la foto que había sacado de Güisqui. Intentó fijarse más en la foto, pero no podía verla bien, ya que la mancha se extendía por toda la parte baja del arbusto. Alicia miró con más detenimiento y observó cómo, debajo del madroño, parecía haber algo. No pudo mirar nada más porque en ese momento se hizo un silencio pro-

ABC: periódico español de opinión favorable a la derecha política.

marear la perdiz: no ir directamente a los temas más importantes.

mechero: encendedor de bolsillo.

Ducados: marca de cigarrillos española creada en 1963.

fundo dentro del aula. Eso sólo podía significar que había entrado el profesor y que el examen empezaría enseguida.

En efecto, allí estaba don Francisco Soler y Valbuena, uno de los profesores más odiados por el alumnado en la facultad. Su fama le precedía, pero nadie estaba a salvo de su forma de ser. Machista, conservador y articulista de opinión del periódico **ABC**, era bastante exigente con sus alumnos, a los que no permitía que tuvieran su propia visión de la vida; él no formaba "librepensadores", sino herederos de la cultura española. Era muy maniático. Entre otras muchas cosas, odiaba el aire acondicionado ("de siempre se ha pasado calor, el calor es bueno, así sabemos apreciar cuando hace frío"), Internet ("quién quiere tanta información, eso es **marear la perdiz**, con un buen parte al día es suficiente") y los **mecheros** ("donde esté una buena caja de cerillas que se quite ese estúpido artilugio"). Fumaba *Ducados*, y siempre tenía muchas cajas de cerillas en el cajón de su mesa.

Nada más entrar, se hizo el silencio. Todo el mundo sabía que como dijeran algo serían expulsados inmediatamente del examen con un suspenso en su historial.

– Bien, así me gusta. Disciplina. Vamos a comenzar el examen, y espero que nadie me dé motivos para echarle de aquí. Como sabrán, hoy es el último examen de mi asignatura. Aunque todavía tendrán que presentarme un trabajo para después de las Navidades.

En ese momento un policía entró en la sala gritando:

– Rápido, desalojen esta facultad, hay un aviso de

E.T.A.: siglas de un grupo terrorista español del País Vasco y que significa en vasco **Euskadi ta Askatasuna** (País Vasco y Libertad).

guiñar: cerrar un ojo y dejar el otro abierto. Es una forma de hacer una señal.

reprochar: decirle algo a alguien por haber hecho una mala acción.

bomba de **E.T.A.**, dejen todo donde está, no cojan nada y salgan rápidamente del área. Vamos.

– Pero oiga, ¿y mi examen? –preguntó incrédulo el profesor.

– No hay tiempo para exámenes, rápido, salgan de aquí.

Mientras bajaba las escaleras y se dirigía a la salida, Ángel miró a Alicia y le **guiñó** el ojo. Todos los alumnos salieron con bastante rapidez, y en pocos minutos la facultad se había quedado desierta. Cuando salieron a la calle, comprendió a qué se refería Ángel cuando les había dicho que no iba a haber examen. Él había hecho la llamada falsa del aviso de bomba. Más tarde le **reprocharía** su actitud. No le parecía bien que se jugara con estas cosas tan importantes.

VI

Angelito: diminutivo de Ángel.

hacer una faena: frase hecha que significa realizar alguna acción que afecta negativamente a alguien.

– Pues vaya con el **Angelito**, menuda gracia con lo del examen –protestaba Sonia–. Yo, que había estudiado mucho, y ahora no puedo examinarme y olvidarme de una vez de la maldita prueba.

– Sí, la verdad es que nos **ha hecho una faena**. Estoy deseando tenerle delante para decirle algunas cosas. Aunque la verdad, si te soy sincera, no me apetecía mucho hacer el examen. Lo que más me molesta es tener que haber dejado todas mis cosas en el aula, y no poder entrar a por ellas. Bueno, al menos sí tengo la cartera –dijo Alicia.

– Ya, pero ya has visto lo que ha dicho la policía, nadie podrá entrar hasta mañana, hasta que no hayan revisado todo el *campus* en busca de la bomba.
– No podemos hacer nada. Tengo hambre. Vámonos a desayunar.

Ambas estaban desayunando en un bar cercano a la Ciudad Universitaria, y mientras Alicia **hojeaba** y ojeaba las páginas centrales dedicadas a la comunidad de Madrid del periódico **El País**, sus ojos se detuvieron en una noticia y en una fotografía:

hojear: significa pasar hojas curioseando. Ojear significa mirar sin mucha atención un texto.

El País: periódico español de opinión favorable a la izquierda política.

autopsia: examen anatómico de un cadáver.

FRÍA MUERTE

Una persona todavía sin identificar apareció muerta anoche en las cercanías del estanque del Parque del Retiro. *Parece ser que la causa fue el intenso frío que ha hecho estos días en la capital de España. El caso es curioso, porque cuando se fotografía al cadáver, el cuerpo no sale reflejado en las fotos. Los investigadores no se ponen de acuerdo para intentar justificar el por qué de tan extraño suceso. Hasta que la* **autopsia** *no revele nada, no se sabrá con certeza las causas de su muerte y por qué las fotografías no le captan.*

– ¿Qué te pasa? Parece que hubieras visto un fantasma –preguntó Sonia sorprendida.
– Mira, lee –le señaló el lugar de la foto y la noticia. Sonia cogió el periódico y lo leyó.
– Interesante. ¿Y?
– Yo estuve ahí ayer, en ese mismo sitio, y saqué una fotografía de ese arbusto –dijo aterrorizada Alicia.

– ¿De ese mismo arbusto? No creo, será otro.

– Que no, que es el mismo arbusto –negó con rotundidad Alicia.

– ¿Cómo puedes estar tan segura?

– Porque ese arbusto lo conozco desde siempre y porque ayer estuve en el mismo sitio, y saqué una foto desde el mismo ángulo.

– ¿Dónde está la foto? –preguntó Sonia.

– Se ha quedado en clase, en mi mochila, junto con el resto de fotos.

– Pues nada, habrá que esperar a mañana para ver si es cierto todo lo que dices.

– Pero, ¿y lo de la noticia? –preguntó asustada Alicia.

– ¿Qué noticia?

– La de la foto que no ha salido reflejada.

– ¡Joder!, Alicia, no irás a decirme ahora que te vas a creer todo lo que dicen en los periódicos. Que estamos estudiándolo. Muchas veces, sobre todo si no hay mucho que decir, se inflan las noticias para crear opinión. Seguro que esto no deja de ser una **trola** que se ha inventado el redactor.

– Espero que tengas razón. Voy un momento al servicio.

Alicia entró en el servicio. Abrió la puerta y vio cómo era por dentro el servicio. Era bastante pequeño y muy estrecho, como el lugar en el que se encontraba. Un pequeño tocador con su espejo, y una sencilla taza de váter era todo lo que tenía. Intentó encender la luz, pero no lo consiguió. Con la puerta abierta, miró por todos los rincones y no vio nada inquietante. Decidió entrar a oscuras y terminar lo más rápido que pudiera. Alicia estaba nerviosa, no se le iba de la ca-

trola: coloquialismo que significa mentira.

beza la posibilidad de que durante el día de ayer, ella pudiera haber estado cerca de alguien muerto. Pero sobre todo, estaba nerviosa porque lo había relacionado con la extraña fotografía que había estado mirando antes del examen. Sus pensamientos fueron bruscamente interrumpidos por el sonido de unos extraños ruidos que se oían al otro lado de la puerta, y una voz clara y fría que decía "dámela, dame mi alma".

– ¿Quién anda ahí? –preguntó asustada Alicia.

– ¿Que quién anda ahí? –repitió sin obtener respuesta.

– Le advierto que tengo un arma y si no se marcha gritaré mucho.

– Usted lo ha querido, ¡Ah! –ese fue el comienzo de una serie de gritos que hizo que todo el local se alarmase y que el camarero acudiera rápidamente y llamase a la puerta. Sonia fue tras él.

– ¿Qué le pasa, señorita? –preguntó apresurado el camarero.

– Alicia, ¿qué sucede? –golpeó Sonia la puerta.

– Socorro, hay alguien aquí dentro conmigo que me quiere matar –siguió gritando Alicia.

El camarero abrió la puerta con fuerza y sólo pudo ver a un gato negro que aprovechaba la puerta abierta para salir huyendo del servicio. Enseguida salió Alicia, muy nerviosa, y se abrazó llorando a Sonia.

– Venga, tranquila, ya ha pasado todo. Sólo era un gato –intentó calmarla.

– No, no era un gato, he escuchado de nuevo las voces, era él, era él pidiéndome de nuevo su alma –dijo Alicia aterrada.

tila: infusión natural que proporciona relax.

Sonia miró al camarero, y le hizo ver con un gesto que estaba muy nerviosa y que decía tonterías. Volvieron dentro del bar, se sentaron y pidieron una **tila**. Todo el mundo hablaba sobre lo que había pasado y cómo ese gato negro ya se había colado otras veces en el servicio del bar. Mientras Alicia intentaba recobrar la calma, en sus oídos seguía sonando la voz fría y clara que había escuchado pidiéndole el alma.

VII

Alicia había decidido regresar al parque del Retiro, al mismo lugar donde el día anterior había hecho una foto con los ojos cerrados, y al mismo sitio donde la policía había encontrado un cadáver que no podía ser fotografiado. Todo resultaba muy extraño, pero lo que era cierto es que en menos de 24 horas había tenido tres apariciones de algo que le había pedido su alma. Las dos primeras habían sido durante el sueño, pero la tercera había sido completamente consciente, y eso era lo que más miedo le daba a Alicia. Necesitaba confirmar que todo estaba bien, encontrar algo que le dijera que el mundo no se había vuelto loco y que ella seguía controlando su vida.

Ángel caído: es una de las pocas estatuas del mundo dedicadas a Satanás. Fue inaugurada en 1874.

Satanás: el demonio. Otras formas de llamarle en español es Lucifer, Belcebú, Diablo...

Alicia y Sonia llegaron al parque. Entraron por la puerta situada entre la calle Alfonso XII y la cuesta de Claudio Moyano. Caminaron durante un rato y pasaron por delante de la estatua del **Ángel caído**. Alicia se quedó durante un momento detenida, mirando la belleza de la estatua. Representaba la caída de **Satanás** y su posterior condena. En la estatua, Satanás se retuerce en un escorzo, mientras su cintura es atrapada por una serpiente. Su cara muestra un dolor inmenso. Alicia siempre se había sentido identificada con la estatua. Por fin llegaron al estanque. La avenida que lo rodeaba estaba casi desierta. Sólo se veía una pequeña mesa protegida de la lluvia con un paraguas donde un hombre que se anunciaba como profesor Tristán Talante aseguraba poder adivinarte el futuro. Alicia se dirigió con prisa hacia la zona donde estaba el arbusto. Todavía se notaba que la policía había estado allí. Una gran tira de plástico rodeaba el arbusto, impidiendo que nadie pudiera pasar dentro. En efecto, entre las matas se podía observar todavía la **silueta** de tiza que marcaba el lugar donde había estado el cadáver.

silueta: contorno que se hace alrededor de un objeto.

– ¿Seguro que era este madroño? –preguntó Sonia.

– Sí, sin duda. Este es el madroño al que más fotos he hecho en mi vida, fotos de día, de noche, en invierno, en verano… le he hecho todas las fotos posibles –respondió con seguridad Alicia.

– Pero no entiendo qué tiene eso que ver con nosotras, ni con tus sueños. No encuentro la relación.

– Yo tampoco lo tengo muy claro. Lo único que sé es que todo esto comenzó anoche, y que ayer fotografié el madroño. Y después está lo que decía el periódico sobre el cadáver que no se reflejaba en la foto, y el cadáver estaba aquí…

– ¡Eh! –la voz del profesor Tristán Talante se dirigía a ellas.

– ¿Nosotras? –preguntaron a la vez Sonia y Alicia.

– Sí, venid, venid –dijo con cierto aire de misterio.

Sonia y Alicia dudaron un poco, pero después,

viendo que tampoco tenían mucho que perder, decidieron acercarse hasta el pequeño e improvisado puesto que el profesor tenía en la avenida.

– Tú eres la chica que estaba haciendo fotografías ayer –dijo señalando a Alicia.

– ¿Cómo lo sabe? –preguntó intrigada.

– Porque es adivino, i**no te jode**! Alicia, te vería ayer haciendo la foto –dijo Sonia.

El profesor Tristán miró a Sonia **despectivamente**, pero enseguida dirigió su mirada hacia Alicia y dijo:

– Es cierto, como dice la **listilla** de tu amiga, te vi ayer haciendo fotos. Eso no tiene nada de extraño. Pero sé lo que estás buscando.

– ¿De verdad? –dijo Alicia sorprendida.

– Yo le diré lo que está buscando usted. Un par de idiotas que lo escuchen y a las que sacar dinero –dijo Sonia, muy ofendida– vámonos, no perdamos más tiempo.

– Espera Sonia, espera –la calmó Alicia–. ¿Qué estoy buscando?

El profesor Tristán dio una gran calada a su pipa y observó con lentitud a las dos muchachas. Se encontraba cómodo en su papel de adivino, y tras estar toda la mañana sin un solo cliente, quería disfrutar de aquel momento. Tras unos segundos que a Alicia y a Sonia les parecieron eternos, dijo con tranquilidad:

– Estás buscando respuestas.

– iLo que me faltaba por oír! Vámonos, este tío es idiota, y nosotras somos más idiotas por escucharle –Sonia cogió de la mano a Alicia y la arrastró

no te jode: expresión muy usada en el habla coloquial que pone énfasis en la frase anterior.
despectivamente: hacer algo con desprecio.
listilla: diminutivo de lista, utilizado con ironía.

lejos del profesor Tristán, quien vio con tranquilidad la escena, esperando hasta que las chicas estaban unos metros lejos para decir:

– Y entre esas respuestas están las de por qué te está persiguiendo un espíritu.

Alicia frenó en seco, y regresó rápidamente hasta donde estaba el adivino.

– ¿Qué ha dicho? ¿Cómo sabe lo del espíritu? –le preguntó apresurada.

– No sé, quizá tu amiga pueda responderte, como lo sabe todo –dijo mientras se sentaba en la silla que tenía detrás de su **tenderete**.

tenderete: establecimiento provisional que se pone al aire libre.

– Por favor, dígame lo que sabe, es muy importante para mí. Estoy desesperada –le suplicó Alicia.

– Venga hombre, déjese de tonterías, y cuéntenos lo que sabe, que esto empieza a ser agotador –le dijo Sonia.

– Está bien, está bien. ¡Qué juventud! ¡Qué prisas! Detrás de ti hay un espíritu –nada más decir esto, Alicia se dio la vuelta muy asustada pero no pudo ver nada.

– ¿Cómo sabe eso? –le preguntó Alicia.

– Nada de particular, puedo ver esas cosas. Pero no te asustes, a la luz del día no puede hacerte nada. Siempre aprovechará la oscuridad y el sueño.

– Pero, ¿por qué a mí? ¿Qué está buscando? ¿Qué le he hecho?

– Fotografiar es peligroso –dijo con seguridad el profesor Tristán.

– ¿Qué está diciendo? ¿A quién no le gustan las fotografías? –preguntó Alicia ofendida.

– Ya lo sabrás a su debido tiempo. Pero sigamos. Si no me equivoco, ayer tomaste una foto a ese arbusto –Alicia asintió–. Debajo de ese arbusto vivía desde hacía dos meses un vagabundo. Parece ser que ayer murió a causa del frío. Probablemente le fotografiaste durante las siguientes dos horas de su muerte.

– ¿Y? ¿Qué problema hay con hacer fotografías a los muertos? –le preguntó Sonia.

– Uhm, parece ser que ahora sí tengo cosas interesantes que decir, eh, muchachita –le dijo a Sonia con su habitual ironía–. Veréis, hay dos reglas de oro que todo fotógrafo debería conocer: la primera es que nunca se debe fotografiar a alguien que se acaba de morir, porque su alma queda atrapada en la fotografía y no puede descansar jamás.

– ¿Y qué podemos hacer para que se vaya? –le interrumpió Alicia, quien desde el momento en el que el profesor le había dicho que había un espíritu detrás de ella no dejaba de girar el cuello buscándole.

– Si no me equivoco, le habrás visto en tus sueños. –Alicia asintió–. Y es posible que se te haya aparecido hoy en zonas donde no había mucha luz. –Alicia volvió a asentir–. Poco a poco se vuelven más peligrosos, porque sólo pueden recuperar su alma de dos maneras. La primera es matando a la persona que ha hecho la fotografía, y de esa manera se quedan con el alma del fotógrafo y pueden descansar eternamente dejando a la persona que ha matado sin su alma y en la misma situa-

enigmáticamente:
de forma poco clara.

mierda: expresión
que muestra enfado.

ción que estaba él.

– ¿Voy a morir? –preguntó asustada Alicia

– Todos vamos a morir, eso lo sabe cualquiera, hasta tu amiga –siguió con la ironía el profesor.

– Me refiero a ahora.

– No lo sé, y si lo supiera no te lo diría. Hay noticias que prefiero guardarme para mí –dijo **enigmáticamente**.

– Le encanta hacerse el interesante, ¿eh? –le gritó Sonia.

– Tranquila, Sonia. Muy bien, pero usted ha dicho que hay otra manera de recuperar su alma –le recordó Alicia.

– Sí, la segunda es mucho más sencilla de lo que te crees, sólo tienes que hacer desaparecer la fotografía y el negativo de la foto, y el espíritu recuperará su alma y te dejará en paz. ¿Dónde tienes la foto? –le preguntó el profesor.

– ¡**Mierda**! –dijeron las dos a la vez, cuando comprendieron que la foto estaba en la facultad y que no podrían entrar hasta el día siguiente, ya que la policía tenía acordonada la zona y no las dejarían entrar.

– Bien, veo que coger la foto no será tan fácil, y el sol, poco a poco, se va yendo.

– ¿Eso qué significa? –preguntó extrañada Alicia.

– Pues que si quieres sobrevivir, deberás intentar mantenerte despierta y en zonas donde haya luz, porque es ahí donde el espíritu no puede hacerte nada. Si estás en zonas oscuras, entonces él sí podrá atacarte. Además, cuanto más tiempo pasan sin poder descansar, más peligrosos se vuelven, llegando incluso a matar a otras personas.

– ¿Y qué puedo hacer, qué puedo hacer? –preguntó nerviosa Alicia.

– Ya te he dicho lo que sé. Yo, en tu lugar, saldría del parque. Está anocheciendo y aquí, se lo vas a poner muy fácil para recuperar su alma. Intenta romper la foto, es tu única oportunidad. Espero volver a verte, me refiero a ti, jovencita –le dijo mientras le guiñaba el ojo a Alicia–, porque a ti –dijo mirando a Sonia–, seré feliz si tu incredulidad no vuelve por aquí.

– Muchas gracias por todo –Sonia y Alicia empezaban a alejarse del profesor Tristán, cuando Alicia se volvió para preguntarle–. Perdone, usted dijo que había dos reglas de oro que todo fotógrafo debería conocer. ¿Cuál es la segunda?

– Deshazte de esa foto, y vuelve. Será para mí un placer contártela –dijo dándole una profunda y pausada calada a su pipa de madera.

– Eso espero –respondió Alicia un poco asustada.

– No olvides las reglas, no te duermas y no te apartes de la luz. Es muy importante. Con luz no te hará nada, sin ella podrá hacer lo que quiera, y ya han pasado más de 24 horas desde su muerte. Estará ansioso por recuperar su alma. Mucha suerte.

– La necesitaré –Alicia hizo un gesto de despedida, para coger del brazo a Sonia y alejarse del profesor Tristán. Éste se **santiguó**, y mientras observaba cómo las muchachas corrían para salir del parque, vio cómo el espíritu del vagabundo muerto las seguía con los ojos enrabietados.

santiguarse: hacer el signo de la cruz.

PÁRATE UN MOMENTO

1. ¿Qué opinión te merece el libro hasta este momento? Coméntalo con tus compañeros.

2. ¿Qué opinas sobre el hecho de que Ángel diera una falsa alarma para no hacer un examen? ¿Consideras que es algo habitual? ¿Has pasado por una situación así alguna vez? En una mesa redonda con tus compañeros, decidid qué tipo de medidas, en vuestra opinión, habría que tomar en una situación como la descrita en caso de encontrar al culpable.

3. ¿Qué crees que harán Alicia y Sonia para sobrevivir? Apunta a continuación tu hipótesis y confróntala al finalizar la lectura con lo que sucede de verdad.

_____

_____

_____

_____

_____

_____

_____

_____

4. Por inimaginable que pueda ser, qué harías tú si te pasara algo así. Coméntalo con tus compañeros.

5. ¿Has sacado alguna vez una foto en la que, al revelarla, aparezcan manchas o sombras extrañas? ¿Cuándo y qué piensas que era lo que se veía? Escribe un correo electrónico a un amigo intentando explicarle las circunstancias de la fotografía y qué crees que se veía en ella. En caso de que nunca hayas tenido una experiencia así, inventa una historia verosímil para contársela.

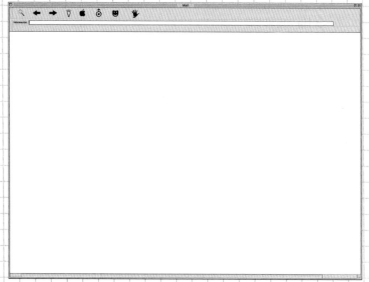

6. ¿Conoces a alguna persona que puedas comparar con el profesor Tristán? ¿Qué opinas sobre este tipo de gente? Si conoces alguna, haz una breve descripción de la misma e intercambia con tus compañeros su descripción. ¿Hay algún rasgo común entre ellas? Comentadlo.

7. En el libro, la madre de Alicia se inventa una historia para explicar por qué en la bandera de la comunidad de Madrid hay cinco estrellas y un oso y un madroño. Invéntate una historia sobre el origen de la bandera y de la mascota (símbolo) de tu colegio, o de tu ciudad o de tu país o del organismo que quieras, en la que cuentes:

- Cómo es la bandera y el símbolo.
- Qué significan los colores que hay en ella.
- Por qué se ha elegido esa mascota.

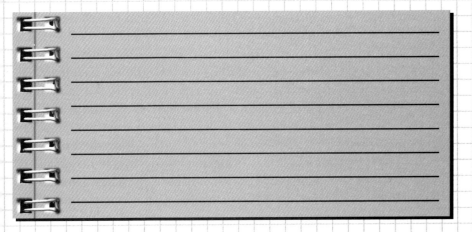

8. Seguro que, como Ángel, aunque sin llegar a los extremos que él llega, en alguna ocasión, hemos inventado alguna excusa para no hacer un examen o algo parecido. Contádselo a la clase.

9. Busca en Internet un plano de Madrid, y reproduce el camino que hacen Alicia y Sonia hasta que llegan a la Plaza de España. Sería interesante que, también, buscarais los monumentos que se citan en el libro. De este modo puedes tener una pequeña idea de todo lo que están viendo los protagonistas de la novela. Después intenta imaginar por dónde van a seguir caminando y compruébalo durante el resto de la lectura.

VIII

La noche se había apoderado de Madrid. Era una noche oscura y amenazadora. El cielo estaba completamente cubierto de nubes, y eso impedía que la luz de la luna o de las estrellas se hiciera notar. Afortunadamente, era el mes de diciembre, y si había algo que durante este mes sobraba en la noche de Madrid era luz. Y es que durante ese mes las calles se llenaban de bombillas con formas de motivos navideños que daban a la ciudad un aspecto festivo. Las luces se encendían el primer día del mes de diciembre a la espera de la llegada de la Navidad. La decoración se quitaba después del seis de enero, **día de Los Reyes Magos**. Alicia y Sonia llevaban más de media hora caminando. No sabían muy bien qué hacer, pero a lo que no estaban dispuestas era a atravesar cualquier zona donde no hubiera luz. Esta decisión les había llevado a caminar hacia la Gran Vía desde la Puerta de Alcalá. Eran las calles de Madrid con más luz y con más vida. Recordaban las palabras del profesor Tristán, y no pensaban caminar o quedarse en ninguna zona donde no hubiera luz. 45 minutos más tarde, decidieron sentarse en un banco de la Plaza de España.

– No podemos seguir así –le dijo Alicia a Sonia.

– Vale, ¿qué podemos hacer? A la residencia no podemos ir porque hay muchas bombillas que no funcionan y es peligroso, coger el metro tampoco porque hay muchas estaciones a oscuras y también es peligroso, del cine ni hablamos...

día de Reyes: en España es tradición que el día seis de enero se abran los regalos que han traído los tres reyes magos de Oriente, Melchor, Gaspar y Baltasar.

– De acuerdo, de acuerdo. Tienes razón. Quizá tengamos que hacer la locura más grande que jamás hayamos hecho –dijo Alicia con poca determinación en sus palabras.

– ¿A qué te refieres? –preguntó Sonia extrañada.

– Se me está ocurriendo una idea. La única manera de vencerle es romper la fotografía, ¿no?

– Sí, pero ambas sabemos que esa solución es imposible.

– No es tan difícil. Vamos a la facultad y se lo contamos todo al policía que esté allí. Seguro que nos deja pasar –dijo Alicia, ingenuamente.

– Segurísimo. Tú llegas, y le dices: "Hola, señor policía, buenas noches, me llamo Alicia y necesito entrar ahí, no es un capricho, pero es que ayer le hice una fotografía a un tipo que se acababa de morir en el parque del Retiro, y resulta que le robé el alma, sí, sí, no me mire usted así, se la robé, y ahora el muerto me busca para matarme por ello. Y el problema está en que yo necesito romper la fotografía para liberarme, y la fotografía está ahí dentro, en el aula". Alicia, ¡por favor! ¿Quién nos va a creer?

– Tú me crees, ¿no? –preguntó Alicia, pero Sonia desvió la mirada hacia el suelo. Alicia volvió a preguntar:

– Sonia, tú me crees, ¿verdad?

– Creo que tú lo crees, y para mí eso es suficiente.

– ¡Lo que me faltaba! –exclamó Alicia, visiblemente enfadada– Si ni mi mejor amiga me cree, ¿cómo voy a explicárselo a alguien más?

prontitud: con rapidez.

monumento de Don
Quijote y Sancho
Panza: estatua conmemorativa a Cervantes y a sus dos personajes principales que
se encuentra en la
Plaza de España.

– No te pongas así. Compréndeme... –intentó excusarse Sonia, pero Alicia no se lo permitió.

– No digas nada más, está bien. ¿Quieres que te lo demuestre?

– ¿Cómo?

– Ven –y se levantó del banco donde estaban sentadas para ir a una zona de la plaza donde no había apenas luz. Antes de abandonar la claridad de la luz de las farolas, se detuvo en el límite de la sombra, miró hacia Sonia, tragó saliva y dio un paso hacia la oscuridad. Inmediatamente apareció una figura que decía: "dámela, dame mi alma" y que se abalanzó hacia el cuello de Alicia con el propósito de matarla. Alicia cayó al suelo entre gritos, mientras la extraña figura la estrangulaba lentamente. Sonia estaba aterrorizada, viendo cómo Alicia estaba siendo estrangulada por una sombra. Reaccionó con **prontitud**, y, tomando a Alicia de una pierna, la arrastró hacia la zona donde había luz. Nada más iluminarse todo el cuerpo de Alicia, la sombra negra desapareció y Alicia pudo respirar con tranquilidad. Sobre su cuello estaban las marcas de los dedos sin vida del espíritu que había intentado matarla. Con los ojos llorosos por la tensión, le dijo a Sonia:

– ¿Me crees ahora?

– Lo siento mucho Alicia, siento no haberte creído –y ambas se quedaron abrazadas en el suelo, en la base de una de las farolas que alumbraba el **monumento de Don Quijote y Sancho Panza**.

El abrazo fue interrumpido por una voz familiar:

montárselo bien: frase coloquial que significa que alguien realiza cosas que le son muy beneficiosas.

– ¿Puedo jugar yo también? –era la voz de Ángel, su compañero de clase, el muchacho que había llamado a la Policía diciéndoles que había una bomba en la facultad para que esta fuera desalojada y que no hubiera examen–. Joder, si es que **os lo montáis muy bien**.

Sonia y Alicia le miraron y sonrieron, porque ya sabían quién las iba a ayudar a entrar en la facultad a recuperar y romper la fotografía que liberaría a Alicia de su particular fantasma.

IX

estar como una cabra, estar loca de remate: expresiones que significan que alguien está proponiendo o haciendo algo que parece una locura.

pasma: término despectivo para hablar de la policía.

dar mal o buen rollo: coloquialismo que significa tener buenas o malas sensaciones hacia algo.

– Vosotras estáis locas, **como una cabra**, **locas de remate** –exclamó Ángel cuando supo el plan que tenían Sonia y Alicia de entrar en la facultad para recuperar el bolso–. ¿Pero sabéis la de **pasma** que hay en la facultad?

– Si están es por tu culpa, que si no hubieras dicho que había una bomba, no estarían ahí –le gritó Sonia–. Además, es muy importante.

– Pero, ¿no podéis esperar a mañana?

– No –dijeron las dos a la vez.

– Es que me **da muy mal rollo** estar cerca de la policía. Pero, ¿qué hay en ese bolso? –volvió a preguntar.

– Mira, Ángel, o te vienes o llamamos a la policía y les decimos que has sido tú el que esta mañana ha dado el falso aviso de bomba –le dijo Sonia muy seria.

– Cómo os ponéis. ¡Qué remedio! Pues venga, vamos para allá, cuanto antes lo terminemos mejor para todos, tomemos el metro –dijo mientras comenzaba a bajar por las escaleras, en la boca de metro de Plaza de España. Al ver que las chicas no le seguían, se detuvo y volvió a preguntar:

– ¿Qué pasa ahora? ¿No teníais tanta prisa? Vamos –insistió Ángel.

– No, no podemos ir por ahí –dijo Alicia.

– ¿Por qué?

– No hay luz –le volvió a decir al ver que no había bombillas en la bajada.

– Ja, ja –comenzó a reír Ángel–. Ja, ja, no me digáis que ahora le tenéis miedo a la oscuridad, ja, ja, no os preocupéis, vais conmigo, yo controlo, ja, ja, el **hombre del saco** es colega mío, y también la **bruja piruja**, ja, ja, ja…

el hombre del saco: personaje de cuento que utilizan los padres para asustar a los niños desobedientes.
la bruja piruja: otro personaje "malo" de cuento.

De entre la oscuridad salió una voz que decía "dámela, dame mi alma", pero la voz era más agresiva que la que había escuchado previamente Alicia. Era una voz mucho más desesperada y oscura. También vieron cómo una figura veloz avanzaba hacia el lugar donde se encontraba Ángel.

– Sal de ahí, Ángel, sal de ahí inmediatamente –le gritaron las dos.

– Tranquilas, no voy a asustarme por unos grititos de nada, ¡ah! –una mano apareció de repente de entre la oscuridad, tomándole por sorpresa de la pierna y arrastrándole hacia el pasillo del metro sin luz–. ¡Socorro, socorro! –Alicia y Sonia le cogieron de los brazos y tiraron de ellos con todas sus fuerzas hasta que consiguieron traerlo hasta la luz. A Ángel se le habían quitado las ganas de reírse. Su rostro estaba completamente blanco, y se había quedado sin nada que decir. Se quedó durante unos segundos intentando recuperar el aliento, mientras Sonia y Alicia le acercaban hasta la zona más iluminada de la plaza. Finalmente, pudo recuperar el habla:

– ¿Qué era eso?

– Vaya, nunca pensé que algo o alguien te podían dejar **mudo** –se burló Sonia de él.

mudo: persona que no puede hablar.

– Déjate de tonterías, ¿qué demonios era eso?

– Es la razón por la que debo llegar hasta la facultad y recuperar mi bolso –le dijo Alicia.

– Pero…, pero… ¿Por qué?

Sonia y Alicia le contaron toda la historia a Ángel. Le hablaron de la fotografía, de los sueños de Alicia, de la escena en el bar, de lo que les había dicho el profesor Tristán Talante acerca de las reglas de no quedarse en zonas sin luz, del ataque en Plaza de España… y Ángel escuchó atentamente, y se lo creyó porque no tenía otro remedio. Él también había sentido aquella terrible presencia, había sentido aquel horrible tirón en su pierna y por eso creer toda aquella historia no le costó nada.

– Bien, pues tenemos un problema –dijo, tras analizar la situación.

– Sí, ves, esto es lo que yo llamo un genio –ironizó Sonia–. Eso ya lo sabemos nosotras, no hace falta que nos lo digas.

– No, me refiero a otro problema que se une a éste. Queréis que lleguemos a la facultad, y yo os puedo llevar por una puerta que ya casi nadie conoce y que no estará vigilada –dijo Ángel con tranquilidad.

– ¿Y cuál es el problema?

– Pues que por el camino que llega hasta donde está el pasadizo no hay casi luz. Así que ya me diréis cómo vamos a conseguir llegar hasta allí sin que este ser se nos aparezca y nos mate recuperando su alma y, de paso, llevándose otras dos de regalo, como si fuera la "**happy hour**" –bromeó Ángel, que, poco a poco, recuperaba su seguridad.

– La solución a todos nuestros problemas está ahí –dijo con una gran sonrisa en la boca mientras señalaba una de esas tiendas de decoración navideña donde se podía comprar cualquier cosa que tuviera que ver con la Navidad.

"happy hour" u hora feliz: nombre que se le da en algunos bares de copas al tiempo en el que al comprar una copa te regalan otra.

X

En el reloj que había en la plaza de Moncloa comenzaron a dar las doce campanadas que indicaban que el día había terminado y que comenzaba uno nuevo. Las calles estaban desiertas. Los cero grados centígrados que hacía en la calle invitaban a no moverse de casa. Era miércoles por la noche y la ciudad descansaba.

– ¡Eh!, mira, no hace ni frío ni calor, cero grados –dijo con la mejor de sus sonrisas Ángel. Cuando vio que su comentario no había provocado ninguna reacción en Sonia y Alicia volvió a decir:

– Cero grados, ni frío, ni calor, ¿lo entendéis?

– ¿Entiendes el concepto de "no tienes gracia"? –le dijo Sonia.

– No empecéis de nuevo –les rogó Alicia–. Que ahora llega lo más difícil –dijo al ver que al final de la calle Princesa, justo antes de comenzar la carretera A-6, la ciudad dejaba de tener luces decorativas.

– A esto me refería yo con lo de que no habría luz –dijo Ángel mientras señalaba la oscuridad que había en ese tramo de la calle.

– ¿Y ahora qué? –preguntó Sonia.

– ¿Queda muy lejos la entrada por la que vamos a entrar en la facultad? –le dijo Alicia a Ángel.

faro de Moncloa: mirador que se encuentra en el comienzo de la carretera A-6.

– No mucho, está justo detrás del **faro de Moncloa** –respondió Ángel. Los tres se miraron y suspiraron hondo porque sabían que su aventura comenzaba ahora.

La situación se ponía cada vez más difícil, ya que desde la plaza de Moncloa, donde se encontraban, hasta el faro había unos 500 metros que estaban prácticamente a oscuras, sólo iluminados parcialmente por cinco farolas a media luz que se encontraban distribuidas por el camino.

– Bueno, ha llegado el momento de ver si mi idea funciona –dijo Alicia mientras empezaba a sacar de una bolsa cientos de bombillitas pequeñas de las que se usan para decorar los árboles de navidad–. Vamos, ha llegado el momento de alumbrarnos –y empezó a ponerse una ristra de bombillitas con forma de **Papá Noel**.

Papá Noel: nombre que en España se le da a Santa Claus.

ristra: conjunto de cosas colocadas una detrás de la otra.

muérdago: planta típica de Navidad que se cuelga en las puertas y debajo de la cual, según cuenta la tradición, hay que besarse.

tener pocas luces: frase coloquial que se le dice a alguien cuando hace las cosas sin pensar mucho.

alucinar: sorprender. Es un juego de palabras de Ángel con la raíz luz.

– Venga, vamos a ponérnoslas alrededor, decorémonos –comentó Alicia, quien, entre el cansancio y los nervios, había perdido todo el miedo posible.

Poco a poco se fueron rodeando con las bombillas, hasta que al final, sus cuerpos quedaron completamente rodeados de las **ristras** de bombillitas de colores. Llevaban bombillas con las más diversas formas: trineos, campanas, botas, **muérdago**, pastorcillos...

– Me sigue pareciendo una locura, me siento ridículo –dijo Ángel.

– Calla, así ya nadie podrá decir que **tienes pocas luces** –comentó Sonia y los tres empezaron a reír a carcajadas, no porque la broma fuera graciosa sino porque la tensión acumulada tenía que escapar de alguna manera. Todos sabían que se iban a enfrentar a algo desconocido y eso les asustaba. Las risas brotaron solas, para relajar el ambiente un poco. Sus risas se fueron perdiendo entre la oscuridad, pero entonces Alicia vio cómo, desde la acera oscura de la calle, el espíritu la miraba fijamente, deteniendo por completo su risa, y dando paso a un grito que decía "DÁMELA, DAME MI ALMA". El silencio fue total. Los tres se miraron, y entonces Ángel, dirigiéndose hacia las sombras dijo:

– Pues espérate a que nos encendamos, entonces sí que vamos a "**alucinar**" –pero no hubo sonrisas esta vez, tan sólo la seguridad de que la noche no había hecho nada más que comenzar y que lo peor estaba todavía por venir.

XI

Llevaban más de 300 metros caminados, andando muy despacio y con todas las luces encendidas. Parecían una pequeña comitiva de la "**Santa Compaña**". Se movían muy lentamente, y no había tiempo ni ganas para hablar. La idea de Alicia estaba funcionando muy bien. La luz que desprendían todas las bombillitas que llevaban colocadas por todo el cuerpo era lo suficientemente poderosa como para que el espíritu no les tocara. Aunque no podían verle, sí sentían su presencia en la oscuridad. Caminaban muy juntos. El que iba primero era Ángel, ya que era el único que conocía el camino hasta llegar al **pasadizo** que les conduciría hasta la facultad de Ciencias de la Información. Le seguía Sonia, muy asustada, pero dispuesta a ayudar a Alicia hasta el final. A Sonia le gustaba que Ángel se hubiera unido al grupo. Aunque nunca lo reconocería, Ángel era el tipo de chico del que podría enamorarse. No sabía por qué, pero le calmaba que él estuviera allí. Alicia, quien poco a poco había conseguido dominar la situación, cerraba el extraño grupo. Ya no tenía miedo. Sabía que estaba en peligro y que podía morir. Pero también sabía contra qué luchaba y cuál era la solución. Tenía que romper una fotografía antes de que el espíritu le rompiera a ella el alma.

Ya sólo quedaban unos 50 metros para llegar. El faro de Moncloa sobresalía entre la oscuridad. Era un impresionante mirador con aspecto de nave espacial que se elevaba hacia el cielo con sus casi 100 metros de altura. Ángel conocía la existencia del pasadizo

Francisco Franco: dictador que estuvo en el poder en España desde el año 1939 hasta el año 1975.

redada: operación policial que consiste en apresar a un grupo de personas a la vez.

gafe: persona que trae mala suerte.

gracias a su padre, que había estudiado en la misma facultad que él a finales de los años 60 y principios de los 70. El pasadizo había significado una vía de escape durante la dictadura de **Franco**, en una época en la que los conflictos entre el Estado español y los universitarios eran muy frecuentes. Gracias al pasadizo, muchos estudiantes habían podido escapar de las **redadas** que la policía hacía en la universidad. Ángel lo había utilizado en más de una ocasión para hacer alguna fiesta o para rodar algún que otro cortometraje.

– Venga, que ya no nos queda nada –dijo para animarlas.

– No cantes victoria todavía –le recriminó Sonia–. Hasta que no estemos dentro y enciendas las luces no cantaremos victoria.

En ese momento, una de las bombillas que estaban en el pecho de Sonia se apagó por completo.

– ¿Lo ves? –le dijo Sonia–. Eres un **gafe**. ¿Y ahora qué?

– Tranquila, sólo ha sido una bombilla –dijo Ángel, pero nada más decirlo, empezaron a apagarse las restantes.

– Mierda, os dije que compráramos pilas alcalinas –gritó Sonia.

– Tranquilos, nos quedan 25 metros. Juntémonos más, y con la luz de los tres tendremos suficiente. Venga, Ángel, sigue caminando.

Aunque se juntaron mucho, sólo pudieron caminar cinco metros más, porque, poco a poco, se fueron apagando todas y cada una de las bombillas que les mantenían con luz. Cuando se apagó la última de las bombillas, escucharon un grito desgarrador: "DÁMELA, DAME MI ALMA". No hizo falta nada más, los tres empezaron a correr hacia el faro. Sus corazones latían fuertemente en aquella carrera que respondía al impulso animal de huir. Cuando faltaban tres metros, Ángel tropezó con un hueco de la acera, cayó al suelo y arrastró en su caída a Sonia y a Alicia. El ser cogió del cuello a Ángel y empezó a apretar fuertemente mientras las chicas gritaban con todas sus fuerzas. Ángel intentaba quitarse de encima las frías manos del espíritu, pero éste tenía mucha fuerza y resultaba muy difícil. Casi podía tocar la puerta del faro. Empezó a notar cómo le faltaba el aire, y sus oídos sólo podían escuchar los gritos de las chicas. Cuando estaba a punto de perder la conciencia, un enorme *flash* le cegó por completo. Era Alicia con su cámara de fotos disparando al espíritu. Volvió a disparar y esta vez el ser soltó a Ángel mientras daba un **alarido** de dolor. En cuanto Ángel estuvo libre, Alicia le gritó desesperada:

– ¡Corre, Ángel! ¡Abre la puerta!

Ángel se arrastró unos metros, intentando recuperar la respiración. Necesitaba sacar sus llaves para poder abrir la pequeña puerta que se encontraba detrás del gran faro. Mientras, Alicia y Sonia se habían refugiado la una junto a la otra, esperando a que el espíritu tocase a alguna para volver a disparar el *flash* de la cámara. La tensión era insoportable. La oscuridad cada vez era mayor y no saber lo que les podía pasar mantenía a las dos muchachas muy alerta.

Mientras tanto, Ángel intentaba encontrar sus llaves. Metió las manos en su bolsillo, pero las llaves se le cayeron al suelo. Con la oscuridad no podía ver nada. Se agachó, todavía sin recuperar del todo la respi-

alarido: grito fuerte y estridente.

ración. Sonia y Alicia se aproximaron a él, y Alicia pulsó el botón hacia donde pensaba que estaban las llaves. Ángel las vio, pero también vio como el ser volvía a saltar sobre Alicia. Alicia volvió a apretar el disparador de la cámara y el ser volvió a gritar. En la cámara se encendió una pequeña luz roja.

– ¿Qué significa eso? –le preguntó Sonia.

– ¿De verdad quieres saberlo? –respondió irónicamente Alicia.

– Si te estás quedando sin pilas, prefiero que no me lo digas.

– Vale, pues no te lo digo.

– ¡Ángel, date prisa! –gritaron aterradas las dos a la vez.

El ser volvió a tocarlas y Alicia volvió a usar el *flash*, sabiendo que aquel había sido su último disparo, y que cuando el ser regresara ya no tendrían nada con qué detenerle.

– ¡Las encontré! –gritó Ángel–. Tranquilas, ahora mismo abro.

Abrió rápidamente, encendió las luces y entraron los tres, cerrando la puerta tras de sí inmediatamente. Se quedaron sentados en el suelo, agotados. Los tres miraban hacia el inmenso corredor que aparecía ante ellos. Era un corredor de unos dos kilómetros que llevaba hasta los sótanos de la facultad de *Ciencias de la Información*.

salvados por la campana: expresión que significa que algo se logra en el último momento.

– **Salvados por la campana** –dijo Ángel.

– ¿Tú crees? –le dijo Alicia mientras miraba hacia el fondo del corredor y veía que el pasillo era interminable.

– Bueno, hemos sobrevivido a otro asalto, pero el combate todavía no ha terminado –continuó Ángel con sus metáforas referidas al boxeo.

Y no, la historia no había terminado. Desde el fondo del pasillo pudieron escuchar cómo el ser volvía a gritar las palabras que más temían los tres amigos, "DÁMELA, DAME MI ALMA", y cómo el eco les recordaba que el peligro seguía ahí.

XII

– Descansemos un poco, por favor –dijo Alicia–. Estoy agotada. ¿Queda mucho?

– Creo que no, no sé, hace mucho tiempo que no vengo por aquí. –dijo Ángel–. Pero si queréis podemos sentarnos un rato. Total, para romper una foto no hay hora.

En ese momento se escuchó un ruido metálico, como si un tren estuviera pasando cerca de ellos. Ángel sonrió, todo iba perfectamente.

– Tranquilas chicas, estamos más cerca de lo que pensaba.

– ¿Qué era eso? –preguntaron las dos a la vez.

– El metro. Si no me equivoco. Eso significa que estamos muy cerca de la parada de metro de Ciudad Universitaria. Por lo tanto calculo que nos queda-

desalmado: adjetivo para alguien que actúa sin sentimientos, figurativamente sin alma. Es un juego de palabras porque el espíritu que les sigue es un desalmado, un "sin alma", pero realmente.

ruborizarse: acción que se aplica a las personas cuando, por venganza o por timidez, su cara se pone de color rojo.

Alejandro Amenabar: director de cine español de éxito internacional. Ha rodado las películas: "Tesis"(1996), "Abre los ojos"(1997), "Los otros"(2001), y "Mar adentro"(2004).

boba: tonta, estúpida.

rán unos 500 metros. Estamos cerca, muy cerca. Descansemos, necesitaremos las fuerzas para cuando entremos en la facultad, porque ahí sí que no habrá luz que mantenga alejado al "**desalmado**" ese.

– ¿Cuando te convencerás de que tus juegos de palabras no son graciosos? –le dijo Sonia.

– Cuando tú reconozcas que te gusto más de lo que me demuestras –le dijo Ángel.

– Venga va, chicos, no empecéis otra vez. Descansemos –les dijo Alicia mientras se sentaba en el suelo–. Y haced las paces, que parecéis dos críos.

– Está bien –le dijo Sonia dándole la mano, algo que Ángel agradeció, y cuando Ángel le dio la suya, lo miró fijamente a los ojos y le hizo una caricia con uno de los dedos que provocó que Sonia **se ruborizara**.

– ¿Traes a mucha gente por aquí? –dijo Sonia, para cambiar de tema, mientras retiraba su mano y su mirada de la mano y de la mirada de Ángel.

– No mucha. Hubo un tiempo que sí, después del rodaje de la película de **Amenábar**.

– ¿Te refieres a Tesis? –dijo sorprendida Sonia.

– Sí, se rodó aquí.

– Sí claro, y yo fui la doble del cuerpo de Julia Roberts en "Pretty Woman" –dijo Sonia con voz de incredulidad.

– ¡Qué **boba** eres! Recuerdas la película de Tesis, ¿no? Todo el laberinto que sale de la facultad es real, es éste. Poca gente lo conoce, pero es éste. Mi padre se lo enseñó a Amenábar, y él me dejó

enterrar el hacha de guerra: expresión que significa hacer las paces.

estar en el rodaje. ¿Por qué no **enterramos el hacha de guerra?** No me apetece estar discutiendo todo el rato contigo –le volvió a decir a Sonia mientras acercaba su boca hacia la de ella.

– ¿Así que para ti no discutir es intentar besarme? –le dijo con voz de flirteo.

– Sí, veo que empiezas a conocerme –continuó Ángel–. ¿Discutimos o no? Tú decides.

– Creo que voy a besarte, pero lo hago para que no digas más tonterías –concluyó Sonia mientras juntaba sus labios a los de Ángel y se besaban apasionadamente.

ronquido: ruido molesto y bronco que se hace con la respiración cuando se duerme.

Un pequeño **ronquido** hizo que Sonia se separase bruscamente de Ángel. Miró hacia Alicia y vio con horror que Alicia se había quedado dormida.

– Rápido, hay que despertarla –le dijo a Ángel.

– ¿Y no podemos hacerlo luego? –respondió Ángel mientras la cogía de la cintura.

– Ángel, en sueños el espíritu también puede matarla –y se levantó rápidamente y se dirigió hacia Alicia.

– ¡Alicia!, ¡Alicia!, ¡despierta! –pero Alicia ya no le podía responder, estaba completamente atrapada por los brazos del sueño.

Mientras se quedaba dormida, vio cómo se le acercaba el espíritu. Esta vez su imagen era más clara, y su expresión mucho más animal y aterradora. Alicia ya no tenía ganas de pelear más. Sólo quería descansar, y si ese descanso era para siempre ya no le importaba. El espíritu se le acercó lentamente, se miraron a los ojos, y Alicia pudo ver que el espíritu estaba llorando. Empezó a apretar, y de repente Alicia sintió una sensación de humedad que la despertó por completo. Eran Ángel y Sonia que le acababan de echar por encima un cubo lleno de agua.

– ¡Despierta! –le gritaron los dos. Alicia despertó.

– Él lo está pasando mal también. Él sufre –dijo, tras unos segundos de duda, refiriéndose al espíritu.

– ¿Qué dices?

– Sí, yo le he robado el alma, él sólo quiere descansar. No es culpa suya el que quiera matarnos.

– Muy bien, pero a mí eso no me calma. Si puede nos matará a todos –le respondió Sonia.

– Él no quiere hacerlo –dijo Alicia con benevolencia hacia el espíritu.

– ¿Y? Eso no te salvará, eso no nos salvará, Alicia. Él tiene que matarte, o tiene que matarnos para descansar, y ten por seguro que lo hará. No podemos abandonar, ahora no. Venga, vamos, ya descansaremos cuando todo esto acabe, la facultad está aquí al lado –mientras Sonia le decía esto, tomó a Alicia por el brazo y la levantaron.

– Estoy muy cansada, Sonia –dijo Alicia con los ojos llorosos.

– Lo sé, pero verás como todo esto terminará pronto.

Y los tres amigos siguieron caminando hacia la última puerta que unía el pasadizo con la facultad. **La suerte estaba echada**.

la suerte está echada: expresión que significa que algo va a suceder y que no se puede hacer nada para que eso suceda. Es el equivalente español de la célebre frase latina "Alea jacta est".

...se miraron a los ojos, y Alicia pudo ver que el espíritu estaba llorando.

XIII

– Bien, este es el final del pasadizo. Detrás de esta puerta está la zona de calderas de la facultad y a partir de ahí, todo lo que ya conocemos –dijo Ángel.

– Pues, ¿a qué esperamos? Vamos a por la maldita foto, rompámosla y vayámonos a casa de una vez –comentó Sonia.

– Un momento, pensemos un poco –dijo Ángel.

– ¿Tú? ¿Pensar? Creía que esas dos palabras eran antónimas –dijo irónicamente Sonia.

– ¿Vas a empezar otra vez? –dijo Ángel–. Pensé que...

– Pensaste, he ahí el problema. ¿Piensas que porque nos hayamos dado un par de besos ya va a ser todo maravilloso entre nosotros? –le interrumpió Sonia.

– ¿Un beso? ¿Vosotros? ¿Cuándo? –preguntó Alicia sorprendida.

– Vale, vale. Luego te contamos. Ha sido un error –dijo Ángel para cortar la conversación.

– ¿Un error? ¡Pensé que te había gustado! –saltó Sonia.

– OK, no me volváis loco –dijo y besó repentinamente a Sonia–. **Al grano**. Alicia, que luego te cuente Sonia lo del beso, ahora vamos a ver cómo solucionar esto. Hay dos problemas: el primero es que la única luz que habrá en la facultad serán los

ir al grano: expresión que significa ir directamente a lo que importa, omitiendo los elementos que no son importantes.

halógenos: luz fluorescente que hay en los sitios sin luz para marcar dónde están las salidas de emergencia.

halógenos de emergencia, muy escasos para mantener a raya al espíritu. Y el segundo problema es que existe la posibilidad de que haya policía por la facultad –y volvió a besar a Sonia.

– Vaya, ¿tanto he dormido antes? –preguntó Alicia nuevamente sorprendida por la pasión de los dos besos–. ¿Qué podemos hacer?

El silencio dolía. Allí estaban los tres: Sonia, Ángel y Alicia, a punto de morir o de salvarse. Todos sabían que aquello no era un juego, que sus vidas estaban realmente en peligro, pero sobre todo, la vida que más peligro corría era la de Alicia.

– ¡Ya está! –dijo Alicia–. Ya sé lo que vamos a hacer.

– ¿El qué? –preguntaron Sonia y Ángel a la vez.

– Si salimos a oscuras e intentamos llegar hasta la foto no tendremos ninguna oportunidad. Él es más poderoso y se mueve mucho más rápido que nosotros en la oscuridad. Nos mataría a los tres –les explicó Alicia.

– Entonces, ¿qué?

– Tendremos que dividirnos.

– ¿Cómo?

– Sencillo. Aquí, en la vida real estamos en desventaja, pero si me quedo dormida, quizá en ese mundo, en el mundo de los sueños, sí tenga una oportunidad. Ese mundo es extraño, si consigo en todo momento controlar mi sueño, él me perseguirá pero no me alcanzará. Al menos hasta que vosotros alcancéis la foto y la rompáis.

– ¿Estás diciendo que te vas a quedar aquí durmiendo mientras nosotros vamos a por la foto? –preguntó Sonia muy asustada.

– Es la única oportunidad. Cuando me quede dormida, él me estará esperando en mis sueños. Entonces no podrá perseguiros. Tendréis que ser muy rápidos, porque no sé cuánto tiempo podré evitarle en ese mundo.

– ¿Estás segura? –le preguntó Ángel.

– No, pero ¿qué otra cosa podemos hacer? –dijo con resignación.

Los tres se miraron, nadie dijo nada porque nadie sabía qué decir. Era su única oportunidad. Lo sabían. Se abrazaron con fuerza y tras unos segundos interminables, Alicia se tumbó en el suelo a la espera de que el sueño **diera el pistoletazo de salida** para que Sonia y Ángel salieran a la oscuridad de la facultad de Ciencias de la Información en busca de la maldita foto.

dar el pistoletazo de salida: expresión que significa que algo comienza en ese momento.

XIV

Ángel y Sonia ya estaban en el primer piso. Aunque la oscuridad era casi absoluta, los pequeños letreros luminosos que señalaban las salidas de emergencia daban la suficiente luz para avanzar viendo lo que tenían a su paso. Tenían que llegar hasta el segundo piso. Allí estaba el Aula magna, el lugar donde se encontraba la foto de Alicia.

– Sonia, y cuando la encontremos, ¿cómo la destruimos? –preguntó Ángel.

– No sé, supongo que rompiéndola.

– No creo, si lo que hay que hacer es destruirla, lo mejor será quemarla. ¿Llevas un mechero o cerillas o algo así? –preguntó Ángel.

– No, ya no fumo.

– ¿Ves? La vida sana no es tan sana –le dijo mientras le cogía la mano– No te preocupes, luego veremos cómo hacerlo. Sigamos, porque Alicia no lo debe estar pasando bien...

...En efecto. Desde el momento en el que Alicia se había quedado dormida, el riesgo que corría era grande. Ella sabía que tenía que huir y que tenía que controlar la situación para que el mundo del sueño fuera el mundo que ella quisiera. Pero no era tan fácil. En el sueño, Alicia estaba en un campo sin árboles. Era extraño, pero ella reconocía el sitio. No sabía de qué, ni dónde estaba, pero estaba segura de que había estado allí alguna vez. Era de día, un día claro y luminoso. No se oía ningún ruido. De repente, a lo lejos, apareció una figura muy alta. Alicia le reconoció enseguida. Era el espíritu en busca de su alma. Alicia intentó correr, pero sus piernas se habían paralizado. Giraba la cabeza y veía cómo, poco a poco, el espíritu avanzaba hacia ella. Ella seguía esforzándose pero no conseguía nada. La voz del espíritu estaba cada vez más cerca, "dámela, dame mi alma". Alicia iba a gritar, pero supo que no podía hacerlo, porque si gritaba, se despertaría, y si se despertaba, el espíritu iría hacia Ángel y Sonia y acabaría matándolos. Tenía que intentar controlar la situación. Sabía que ese sueño era suyo y que podía cambiarlo. Decidió dejar de intentar correr, e inmediatamente pudo moverse. Alicia comenzó a correr, ahora sí estaba corriendo, pero no corría sola. El espíritu había comenzado a correr detrás de ella también. Por más rápido que corría, el espíritu siempre estaba detrás. Pensó en la casa de sus abuelos, una inmensa mansión que conocía perfectamente, y donde, cuando era pequeña, jugaba al escondite con sus primas. Detuvo su carrera y se encontró dentro del pasillo de la casa de su abuela. Ya no era el mismo pasillo. Ahora tenía muchas puertas que no conocía. La luz en su sueño se había apagado. De repente, el espíritu la intentó agarrar, Alicia notó su mano fría sobre la cara, le dio una patada y abrió la primera puerta que había, nada más entrar notó que no había suelo y que **se precipitaba** al vacío...

> **precipitarse:** caerse desde un lugar muy alto.

...

– Mierda –le dijo en voz baja Ángel a Sonia mientras señalaba hacia la puerta del aula, donde se encontraban dos guardias de seguridad fumando un cigarro.

– ¿Y ahora qué hacemos? –preguntó Sonia.

– Supongo que será más fácil si nos dividimos.

– ¿Qué dices? –le **susurró** Sonia–. ¿Me vas a dejar sola?

– Sonia, es lo único que podemos hacer. Voy a distraerles. Cuando ellos dejen la puerta libre, entra y deshazte de la fotografía.

– ¿Cómo? No tenemos nada con qué quemarlas.

– Sonia, cómetelas, píntalas, yo qué sé. Tenemos prisa, piensa, sé que detrás de esa cara gruñona hay inteligencia –le dijo mientras la volvía a besar.

> **susurrar:** hablar en voz baja

A continuación se fue andando despacio hacia el fondo del pasillo. Nada más llegar al final del corredor, se puso a caminar haciendo ruido con sus pasos. Los guardias de seguridad se dirigieron hacia la zona donde habían escuchado los pasos, dejando la puerta del aula abierta. Era el momento en el que Sonia tenía que entrar. Pensó en Alicia, también en Ángel para animarse, y se encaminó decidida hacia la puerta, para acabar de una vez por todas con la fotografía...

precipicio: despeñadero con mucha altura.

...Alicia llevaba un buen rato cayendo por el **precipicio**, y aunque intentaba mantener la calma, empezaba a perder los nervios. No sabía cuándo acabaría aquella agonía. Por más que miraba hacia abajo no conseguía ver el final de su caída. Miró hacia arriba y vio cómo la perseguía el espíritu que tantos tormentos le estaba dando. Él se acercaba cada vez más deprisa. Finalmente la atrapó. Ella quiso gritar, pero ya era tarde, él la agarró por el cuello y empezó a apretar...

...Sonia se encontraba dentro del aula. Tenía miedo, mucho miedo. Ahora estaba sola. Pensó en sus amigos y subió la escalera. No recordaba muy bien en qué sitio estaban sentadas. Palpó las mochilas y los bolsos que había notado pero ninguno le parecía el de Alicia. Estaba nerviosa. Un pequeño rayo de luz de luna entró por la ventana y le permitió ver en la fila de asientos de arriba la mochila de Alicia. Sonrió y subió a por él. Abrió la mochila, **hurgó** en ella y notó que sus manos estaban tocando las fotografías. Volvió a sonreír. El espíritu estaba derrotado. Sólo tenía que destruir la fotografía y el negativo. Pensaba comérsela. De repente su estado de ánimo cambió, porque no había una sola fotografía, sino varias. ¿Cómo saber

hurgar: revolver cosas en un sitio.

cuál era la que estaba buscando? Un gran suspiro de angustia salió de su boca...

...Alicia notaba cómo le faltaba la respiración. Volvió a ver los ojos del espíritu, seguía llorando. "Dámela, dame mi alma, por favor", le dijo mientras soltó un momento la presión con la que estaba agarrando a Alicia. Alicia intentó gritar, pero en cuanto intentó hacerlo, el espíritu volvió a rodear su cuello con las manos y comenzó de nuevo a ahogarla. Alicia ya no aguantaba más, estaba muy cansada. Empezaba a ver la idea de morir como una forma de descansar. Intentó pensar en sus amigos, en su familia, en la gente que le importaba, pero ya era tarde. Poco a poco notaba que su respiración la iba abandonando...

...Sonia estaba bloqueada. No sabía qué hacer. En sus manos tenía el bloque de fotos y negativos, pero desconocía cómo destruirlas. De repente sonrió, a su memoria vinieron las palabras del maldito profesor "donde esté una buena caja de cerillas que se quite ese estúpido artilugio", y recordó que en el cajón del profesor siempre había cerillas. Bajó las escaleras con toda la rapidez que pudo, abrió el cajón y allí estaban. Cogió una cerilla, la encendió y prendió fuego a todas las fotos y a los negativos. Se sentó a descansar mientras observaba cómo las fotos se consumían y cómo el humo subía hacia la alarma antiincendios y cómo ésta empezaba a sonar...

...Ángel estaba rodeado. Los guardias de seguridad se acercaban poco a poco a su escondite. Había conseguido despistarlos durante unos cuantos minutos. Pero ahora, desde dentro de la **taquilla** podía ver cómo los guardias le iban a atrapar. De repente un soni-

taquilla: armario personal que se encuentra en gimnasios, universidades...

do ensordecedor hizo que los guardias retrocedieran y se alejaran rápidamente. Era la alarma antiincendios...

...Alicia se despertó bruscamente. Era la alarma antiincendios. Todavía le faltaba la respiración, pero allí estaba, viva y en el mismo sitio donde había comenzado a dormir mientras sus amigos intentaban destruir la fotografía. Parecía que lo habían conseguido. No había noticia del espíritu. Quiso hacer la prueba definitiva. Se dirigió hacia la puerta que unía el pasadizo con la facultad y se dispuso a abrirla. Respiró hondo y cuando la abrió vio venir hacia ella dos sombras. Quiso cerrar rápidamente, pero fue demasiado tarde. Las dos figuras entraron detrás de ella. Alicia cerró los ojos y sintió cómo unas manos la rodeaban y la abrazaban. Abrió los ojos y se llevó una gran alegría. Eran Ángel y Sonia devolviéndole la vida.

Epílogo

– Venía a que me contara la segunda regla de oro –le dijo Alicia al profesor Tristán Talante.

– Vaya, te estaba esperando –le dijo el profesor.

– ¿Cómo sabía que lo había logrado? –preguntó Alicia extrañada.

– Por esto –le dijo mientras le enseñaba la noticia del periódico donde ahora sí aparecía la foto del muerto–. Me alegro mucho. Uhm, y por lo que veo, tu amiguita también –le respondió el profesor mientras observaba cómo Sonia se mantenía a distancia abrazada a Ángel–. Pobre muchacho.

– Fue duro, pero aquí estamos. ¿Cuál es la segunda regla de oro? –volvió a insistir Alicia–. Usted me dijo que si volvía me la contaría.

– Recuerdo mis palabras. Bien, la primera ya la conoces, y la segunda, ¿tienes ahí la foto que le hiciste al pobre Güisqui?

– ¿Al perro de "Mirada llena"? Sí, aquí la tengo –preguntó asombrada Alicia.

– Quémala.

– ¿Cómo?

– Sí, nunca fotografíes a un muerto ni a nadie que esté profundamente dormido. Con el muerto ya has visto lo que pasa, y al que duerme le alterarás para siempre el sueño.

– Así que al pobre Güisqui...

– Sí, fue tu foto la que le cambió el carácter –terminó la frase el profesor.

– Está bien –dijo Alicia mientras sacaba la foto y le prendía fuego–. ¿Alguna regla más?

– Por ahora no. Sólo una pregunta. Ayer dijiste que no conocías a nadie a quien no le gustara la fotografía. ¿Sigues pensando igual?

– No, está claro que a los muertos no les gusta la fotografía.

– No, no les gusta nada. Ten cuidado la próxima vez.

– No se preocupe, desde ahora miraré bien qué es lo que hay en el objetivo, no quiero más noches así en mi vida –dijo mientras le abrazaba.

– Mucha suerte.

– Gracias por todo.

Y mientras Alicia desaparecía de su vista, junto a Ángel y a Sonia, supo que no sería la última vez que la vería, ya que Alicia llevaba la marca de las personas que siempre buscan algo más en la vida, una búsqueda que, sin duda, podía traerle nuevos problemas.

EXPLOTACIÓN DIDÁCTICA
EJERCICIOS PARA EL ALUMNO

Lecturas de Español es una colección de historias breves especialmente pensadas para los estudiantes de español como lengua extranjera. Los cuentos han sido escritos, teniendo en cuenta, básica pero no únicamente, una progresión gramático-funcional secuenciada en seis etapas, de las cuales las dos primeras corresponderían a un nivel inicial de aprendizaje, las dos segundas a un nivel intermedio, y las dos últimas al nivel superior. Como resultado de la mencionada secuenciación, el estudiante puede tener contacto con textos escritos "complejos" ya desde los primeros momentos del aprendizaje y puede hacer un seguimiento más puntual de sus progresos.

Las aportaciones didácticas de ***Lecturas de Español*** son fundamentalmente dos:

- notas léxicas y culturales al margen, que permiten al alumno acceder, de forma inmediata, a la información necesaria para una comprensión más exacta del texto.

- explotaciones didácticas amplias y variadas que no se limiten a un aprovechamiento meramente instrumental del texto, sino que vayan más allá de los clásicos ejercicios de "comprensión lectora", y que permitan ejercitar tanto otras destrezas como también cuestiones puntuales de gramática y léxico. El tipo de ejercicios que aparecen en las explotaciones permite asimismo llevar este material al aula ampliando, de esa manera, el número de materiales complementarios que el profesor puede incorporar a a sus clases.

Con respecto a los autores, hemos querido contar con narradores capaces de elaborar historias atractivas, pero que además sean –condición casi indispensable– expertos profesores de E/LE, para que estén más sensibilizados con el tipo de problemas con que se enfrenta un estudiante de español como lengua extranjera.

Las narraciones, que no se inscriben dentro de un mismo "género literario", nunca son **adaptaciones** de obras, sino **originales** creados *ex profeso* para el fin que persiguen, y en ellas se ha intentado conjugar tanto amenidad como valor didáctico, todo ello teniendo siempre presente al lector, una persona joven o adulta con intereses variados.

PRIMERA PARTE
Comprensión lectora

Lee con atención los cinco primeros capítulos y di si las siguientes frases son verdaderas (V) o falsas (F):

I.a) La madre de Alicia es profesora de escultura.
    ❑ Verdadero   ❑ Falso

I.b) Alicia había decidido estudiar Ciencias de la Información.
    ❑ Verdadero   ❑ Falso

II.a) Güisqui es el nombre del vagabundo.
    ❑ Verdadero   ❑ Falso

II.b) En el escudo de Madrid hay cinco estrellas.
    ❑ Verdadero   ❑ Falso

III.a) Una pesadilla es un mal sueño.
    ❑ Verdadero   ❑ Falso

III.b) La voz de su sueño quería que Alicia le diera su alma.
    ❑ Verdadero   ❑ Falso

IV.a) Alicia se queda dormida en un banco de la calle.
    ❑ Verdadero   ❑ Falso

IV.b) Ángel es un compañero de la facultad.
    ❑ Verdadero   ❑ Falso

V.a) Don Francisco Soler y Valbuena es un profesor muy apreciado.
    ❑ Verdadero   ❑ Falso

V.b) El examen no se hizo porque hubo un escape de gas.
    ❑ Verdadero   ❑ Falso

Ahora, lee con atención los capítulos que van desde el VI al IX y elige la respuesta correcta:

VI.1) A Alicia lo que más le molesta es:
❑ a) No haber podido dormir.
❑ b) Haber dejado todas sus cosas en el aula.
❑ c) Hablar con Sonia.

VI.2) ¿Cuál es la razón por la que Alicia se sorprende al leer el periódico?:
❑ a) Porque ha muerto un hombre.
❑ b) Porque ha hecho mucho frío en Madrid.
❑ c) Porque ella había estado en el mismo sitio donde se ha encontrado a un muerto.

VII.1) El Ángel caído es:
❑ a) Un parque.
❑ b) Lucifer.
❑ c) Un amigo de Alicia.

VII.2) Alicia le dice a Sonia que:
❑ a) No hay muchas estatuas en el mundo dedicadas al Ángel caído.
❑ b) Todas las estatuas que hay en el parque están dedicadas a Lucifer.
❑ c) Las estatuas son de mármol.

VIII.1) ¿Dónde está la foto que ha olvidado Alicia?:
❑ a) En el parque.
❑ b) Con el profesor Tristán Talante.
❑ c) En la facultad.

VIII.2) El profesor Tristán Talante puede:
❑ a) Adivinar el futuro.
❑ b) Arreglar tu casa.
❑ c) Enseñarte Madrid.

IX.1) ¿Cuándo se encienden las luces de Navidad en Madrid?:
❑ a) El seis de enero.
❑ b) El uno de diciembre.
❑ c) Siempre están encendidas.

IX.2) ¿Con quién se encuentran Sonia y Alicia en la Plaza de España?:
❑ a) Con nadie.
❑ b) Con Don Quijote y Sancho.
❑ c) Con Ángel.

SEGUNDA PARTE
Gramática y notas

1. **En español, como en todas las lenguas, hay una gran cantidad de giros fraseológicos, de frases hechas. En el libro aparecen algunas expresiones de ese tipo. Aquí te proponemos algunas más. Teniendo en cuenta el significado que las acompaña, intenta sustituir las frases subrayadas por alguna de esas expresiones. No olvides conjugar bien los verbos:**

a) **Estar hasta el gorro / las narices / la coronilla**: estar harto o cansado de algo.

b) **Ir al grano**: contar sólo lo importante de una historia.

c) **Enterrar el hacha de guerra**: dejar de pelear o acabar con un periodo de tensión.

d) **Tirar la toalla**: dejar de luchar por algo.

e) **Dormir como un tronco / una marmota**: dormir profundamente.

f) **Dar mal o buen rollo**: tener buenas o malas sensaciones hacia algo o alguien.

g) **Estar como una cabra. Estar loco de remate**: comportarse de una forma que no se considera razonable.

h) **No estar el horno para bollos**: no ser el momento adecuado para hacer algo.

i) **Arrimar el hombro**: ayudar a alguien. Esforzarse.

j) **Llegar y besar el santo**: conseguir algo la primera vez que se intenta.

Frases:

1) Pero tío, tú estás _loco_. ¿Cómo se te ha ocurrido hacer eso?

2) Venga, dame la mano y _hagamos las paces_. Que estoy cansado de estar siempre peleándome contigo.

3) Mira, no me digas eso, _que no es el momento para que hagas bromas_.

4) Pero no _abandones_ ahora, yo sé que si estudias, puedes lograrlo.

5) A mí me da igual que en la calle haya obras, siempre _duermo profundamente_.

6) A mí las películas de terror *no me gustan nada*. Me asustan mucho.

7) Ya no puedo más con este trabajo. Estoy *harto* de él. Me largo.

8) Mis amigos son encantadores, siempre que pueden *me ayudan*.

9) Venga, que se hace tarde. *Hablemos seriamente de lo que importa.*

10) Es que fue *acertar a la primera*. Nunca habíamos jugado, apostamos y ganamos.

2. En español la acentuación tiene un importante papel. Pregúntale a tu profesor la diferencia entre hiato y diptongo –también puedes buscarlo en una gramática o en Internet– y la importancia que tienen para la colocación del acento gráfico; después busca cinco palabras con hiato y cinco con diptongo en la novela.

_____

_____

3. Divide estas palabras en sílabas, di si son hiatos o diptongos y por qué, y acentúalas si fuera necesario:

a) ALICIA   _____

b) CASUALIDAD   _____

c) HEROE   _____

d) SINTIO   _____

e) VIO   _____

f) INCREIBLE   _____

g) ESTATUA   _____

h) DIA   _____

i) ESTUDIANTE   _____

j) CAIDA   _____

4. En las frases que tienes a continuación hay una serie de errores, di en qué consisten y propón una versión correcta:

a) A Alicia le gusta los deportes.

_____

b) Ángel y Sonia se besamos mientras Alicia estaba dormida.

_____

c) Los chicos fueron de la facultad por destruir la foto del espíritu.

_____

d) El Alicia de padre era camaristero de cine.

_____

e) El espírito quiere Alicia le devuelva la alma.

_____

5. Las letras de una palabra combinadas de otra manera muchas veces nos permiten encontrar otras palabras. Es lo que denominamos anagramas. A continuación tienes una serie de palabras que esconden otras muchas (no siempre son necesarias todas las letras para formar esas nuevas palabras). Encuentra todas las que puedas. Como ejemplo, te podemos decir que "Universidad" también recoge la palabra "verdad".

UNIVERSIDAD - RETIRO - FOTOGRAFÍAS - PESADILLA - DESPERTAR

_____   _____

_____   _____

_____   _____

_____   _____

TERCERA PARTE
Expresión escrita

Resume en varias líneas lo que sucede en cada uno de los capítulos que van del XI al XV.

Capítulo XI:

_____

_____

_____

_____

Capítulo XII:

_____

_____

_____

_____

Capítulo XIII:

_____

_____

_____

_____

Capítulo XIV:

_____

_____

_____

_____

Capítulo XV:

_____

_____

_____

DESCRIPCIÓN. Como habrás observado, en el libro no hay descripciones físicas de los protagonistas. ¿Puedes intentar describirlos tú? Describe cómo son físicamente Alicia, Sonia, Ángel y el profesor Tristán Talante y después intenta dibujarlos. En las páginas de soluciones encontrarás cómo el autor de la lectura imagina a los protagonistas de la historia.

CUARTA PARTE
Expresión oral

1. ¿Ha terminado la historia como esperabas? ¿Qué es lo que más te ha sorprendido? Comenta con tus compañeros cuáles eran sus expectativas y qué cosas os han sorprendido más.

2. En la historia, incluso los más incrédulos acaban creyendo en los espíritus. ¿Y tú? ¿Qué crees? ¿Existen los espíritus? ¿Qué importancia tienen, en caso de que la tengan, en tu cultura? ¿Ves alguna relación con la religión? Coméntalo con tus compañeros.

3. Al final, en la historia, aunque siempre estaban discutiendo, Sonia y Ángel acaban juntos. ¿Crees que tienen futuro como pareja? ¿Te parece normal esa forma de relación de muchas parejas consistente en llevarse la contraria todo el tiempo? ¿A qué crees que es debido? Coméntalo con tus compañeros.

4. El Profesor Tristán Talante parece ser capaz de adivinar el futuro. Como sabes hay distintas formas de hacerlo –leer las líneas de la mano, echar las cartas, leer el poso del café, leer los horóscopos, etc.–. Qué opinión te merecen esas prácticas. ¿Has intentado alguna vez conocer tu futuro por alguno de esos medios? Si lo has hecho, ¿cuál ha sido el motivo? ¿Conoces a alguien que lo haya hecho? ¿Qué opinión te merece ese tipo de "búsqueda"? ¿Y el tipo de gente que se gana así la vida? Coméntalo con tus compañeros.

5. Parece que está demostrado científicamente que todos soñamos. Los sueños no siempre son agradables y cuando no lo son reciben el nombre de pesadillas. ¿Has tenido alguna vez alguna? Cuéntasela a tus compañeros.

6. En la historia todo pasa por una afición que parece, en principio, inocente: la fotografía. ¿Te gusta la fotografía? ¿Por qué? ¿Tienes algún tipo de afición? Habla con tus compañeros de vuestras aficiones.

7. ¿Cómo crees que reaccionarías si se te apareciera un espíritu? Coméntalo con tus compañeros.

8. El mundo de los espíritus parece haber atraído siempre a mucha gente, hasta el punto de que se conocen varias formas de intentar entrar en diálogo con ellos. ¿Has hecho alguna vez espiritismo? ¿Qué pasó? ¿Qué opinión te merecen esas prácticas? Comentadlo en clase.

9. ¿Has tenido a lo largo de la lectura problemas para entenderla? Comenta con tus compañeros aquellos aspectos que te hayan parecido más complejos, menos verosímiles, más interesantes, etc.

10. A ESCENA. Divide la clase en cuatro grupos, y cada uno de ellos tendrá que preparar una escena donde:

- Jóvenes van a un cementerio para hacer psicofonías.

- Un matrimonio se queda sin gasolina en medio de una carretera rural y van a una casa para pedir ayuda.

- Jóvenes haciendo espiritismo.

- Un matrimonio está en casa y empiezan a oír ruidos extraños en la parte de arriba de la casa.

SOLUCIONES

Comprensión lectora

Capítulos I - V:
I.a) *F*, I.b) *V*, II.a) *F*, II.b) *F*, III.a) *V*, III.b) *V*, IV.a) *F*, IV.b) *V*, V.a) *F*, V.b) *F*.

Capítulos VI - IX:
VI.1) *b*, VI.2) *c*, VII.1) *b*, VII.2) *a*, VIII.1) *c*, VIII.2) *a*, IX.1) *b*, IX.2) *c*.

Gramática y notas

1. Frases coloquiales:
1) *g*, 2) *c*, 3) *h*, 4) *d*, 5) *e*, 6) *f*, 7) *a*, 8) *i*, 9) *b*, 10) *j*.

3. Hiatos y diptongos:

a) A-LI-CIA (diptongo)
b) CA-SUA-LI-DAD (diptongo)
c) HÉ-RO-E (hiato)
d) SIN-TIÓ (diptongo)
e) VIO (diptongo)

f) IN-CRE-Í-BLE (hiato)
g) ES-TA-TUA (diptongo)
h) DÍ-A (hiato)
i) ES-TU-DIAN-TE (diptongo)
j) CA-Í-DA (hiato)

4. Frases erróneas:
a) A Alicia le gusta<u>n</u> los deportes.

b) Ángel y Sonia se bes<u>aron</u> mientras Alicia estaba dormida.

c) Los chicos fueron <u>a</u> la facultad <u>para</u> destruir la foto del espíritu.

d) El <u>padre de Alicia</u> era camar<u>ó</u>grafo de cine.

e) El espírit<u>u</u> quiere <u>que</u> Alicia le devuelva <u>el</u> alma.

5. Anagramas:

UNIVERSIDAD: VERDAD - SEDAR - NEVAR - REVISAD - VIENA - SIRENA - VIDA - DIVERSA - INVERSA - SERVIDA...

RETIRO: TORRE - RETRO - TIRO - RETO - REO - RITO - TÍO - ROTE - REÍR - RÍO...

FOTOGRAFÍAS: FOROFA - GRATO - FATIGA - TORSO - ATRASO - SÁTIRA - GAFAS - FROTAS - GRAFITO - GASTAR...

PESADILLA: ALLÍ - SALIDA - PESADA - PILLADA - ESPIADA - SEDAL - SEPIA - LÁPIDA - ESPADILLA - PÁLIDA...

DESPERTAR: RESPETAR - PESETA - ESPERAR - DESEAR - ESPETAR - PRESTAR - DESTAPE - DERRAPE - TREPAR - ESTEPA...

Expresión escrita

TÍTULOS DISPONIBLES

LECTURAS GRADUADAS

E-I Amnesia
José L. Ocasar
ISBN: 84-85789-89-X

E-II Paisaje de otoño
Ana M.ª Carretero
ISBN: 84-89756-83-X

E-II El ascensor
Ana Isabel Blanco
ISBN: 84-89756-24-4

E-I Historia de una distancia
Pablo Daniel González-Cremona
ISBN: 84-89756-38-4

E-I La peña
José Carlos Ortega Moreno
ISBN: 84-95986-05-1

E-II Manuela
Eva García y Flavia Puppo
ISBN: 84-95986-64-7

E-I Carnaval
Ramón Fernández Numen
ISBN: 84-95986-91-4

I-I Muerte entre muñecos
Julio Ruiz
ISBN: 84-89756-70-8

I-I Memorias de septiembre
Susana Grande
ISBN: 84-89756-86-4

I-I La biblioteca
Isabel Marijuán Adrián
ISBN: 84-89756-23-6

I-I Azahar
Jorge Gironés Morcillo
ISBN: 84-89756-39-2

I-II Llegó tarde a la cita
Víctor Benítez Canfranc
ISBN: 84-95986-07-8

I-II En agosto del 77 nacías tú
Pedro García García
ISBN: 84-95986-65-5

I-II Destino Bogotá
Jan Peter Nauta
ISBN: 84-95986-89-2

I-II Las aventuras de Tron
Francisco Casquero Pérez
ISBN: 84-95986-87-6

S-I Los labios de Bárbara
David Carrión
ISBN: 84-85789-91-1

S-II Una música tan triste
José L. Ocasar
ISBN: 84-89756-88-0

S-I El encuentro
Iñaki Tarrés Chamorro
ISBN: 84-89756-25-2

S-I La cucaracha
Raquel Romero Guillemas
ISBN: 84-89756-40-6

S-I Mimos en Madrid
Alicia San Mateo Valdehíta
ISBN: 84-95986-06-X

S-II La última novela
Abel A. Murcia Soriano
ISBN: 84-95986-66-3

S-I A los muertos no les gusta la fotografía
Manuel Rebollar
ISBN: 84-95986-88-4

HISTORIAS DE HISPANOAMÉRICA

E-II Regreso a las raíces
Luz Janeth Ospina
ISBN: 84-95986-93-0

E-II Con amor y con palabras
Pedro Rodríguez Valladares
ISBN: 84-95986-95-7

HISTORIAS PARA LEER Y ESCUCHAR (INCLUYE CD)

E-II Manuela
Eva García y Flavia Puppo
ISBN: 84-95986-58-2

I-II En agosto del 77 nacías tú
Pedro García García
ISBN: 84-95986-59-0

S-II La última novela
Abel A. Murcia Soriano
ISBN: 84-95986-60-4

E-I Carnaval
Ramón Fernández Numen
ISBN: 84-95986-92-2

E-II Regreso a las raíces
Luz Janeth Ospina
ISBN: 84-95986-94-9

E-II Con amor y con palabras
Pedro Rodríguez Valladares
ISBN: 84-95986-96-5

S-I A los muertos no les gusta la fotografía
Manuel Rebollar
ISBN: 84-95986-90-6

Niveles:

E-I → Elemental I	I-I → Intermedio I	S-I → Superior I
E-II → Elemental II	I-II → Intermedio II	S-II → Superior II